AF562178

Publication à 20 centimes la Livraison.

60 centimes la série de 3 livraisons et une gravure.

HISTOIRE DU PEUPLE

LUTTES ET TRIOMPHES DE LA DÉMOCRATIE

Chez tous les Peuples et à tous les âges du monde, jusqu'au 24 février 1848.

PAR THAVENET-BELLEVUE.

Feuil. 1 – 6 : (C'est tout ce que nous avons reçu.)

DÉPOT CENTRAL

RUE DES POULIES SAINT-HONORÉ, 3, PRÈS DU LOUVRE,

Et chez les principaux libraires de Paris et des départements.

1851

Publication à 20 centimes la Livraison.

60 centimes la série de 3 livraisons et une gravure

HISTOIRE
DU PEUPLE

LUTTES ET TRIOMPHES
DE LA DÉMOCRATIE

[illegible] tous les Peuples et à tous les âges du monde, jusqu'au 24 février 1848

PAR [illegible]-BELLEVUE.

RUE DES POULIES [illegible], 3, PRÈS DU LOUVRE.

Prospectus.

De tout temps l'histoire, agenouillée devant la puissance, s'est bornée à glorifier devant la postérité les prétendus hauts faits des grands de la terre. L'appât de l'or, la crainte des persécutions, l'ambition des honneurs, ont fait de l'histoire une vile courtisane, toujours prête à prodiguer de menteuses caresses aux maîtres du monde. Elle a embouché les mille trompettes de la renommée pour porter aux âges futurs le bruit des batailles et des conquêtes; elle a vanté les exploits sanglants des égorgeurs de nations; elle a proclamé *grands* les sacrificateurs du genre humain.

Quant au peuple, pauvre paria, d'abord chargé des chaînes de l'esclavage, puis courbé sous le poids de la glèbe, puis abandonné aux chances incertaines du salaire, Job couvrant sa maigre échine de quelques lambeaux, lépreux à la main osseuse et vide d'or, il n'a pas encore trouvé son historien.

Cependant quelques hommes, d'un talent justement apprécié, d'un dévoûment sans bornes au progrès démocratique, ont fait pour réhabiliter le peuple des efforts couronnés d'un légitime succès. Les uns, profonds penseurs, ont sévèrement analysé les effets et les causes des maux du genre humain; d'autres ont limité leur œuvre à la peinture fidèle d'une époque, d'une nation, d'une idée, d'autres enfin ont ingénieusement emprunté l'enveloppe du roman pour inspirer le goût de la lecture des faits historiques. Honneur à eux!

Aujourd'hui la société est en travail, les pensées fermentent, les esprits sont avides de savoir; les hommes du XIXe siècle, debout sur le vaisseau de la révolution, comme les compagnons inquiets de Christophe Colomb sur le pont du navire aventureux, cherchent à découvrir la terre à travers la brume de l'avenir.

Nous croyons le moment venu de raconter au peuple sa propre histoire; pour marcher sûrement devant soi, il faut posséder la connaissance du passé.

Loin de nous la prétention de présenter aux yeux une peinture complète de l'histoire du peuple: la tâche serait impossible; la nuit la plus obscure nous voile les événements pendant plusieurs milliers d'années, puis l'imagination des poètes s'est exercée sur des récits fabuleux: pour ne raconter que des faits réellement historiques, nous ne remonterons pas au-delà de trois mille ans.

En suivant la chronologie générale des Peuples, nous dirons les *luttes* et les *triomphes* de la *démocratie*. Les luttes sont nombreuses, sanglantes et toujours inégales; les triomphes sont rares et chèrement achetés; mais un soldat est-il moins fier de ses cicatrices que de ses lauriers?

C'est aux déshérités de biens et d'instruction que s'adresse l'*Histoire du Peuple*; dans ce recueil de faits palpitants du plus vif intérêt, tout homme qui croit aux promesses de la devise républicaine trouvera l'arbre généalogique du citoyen.

Première liste des représentants qui souscrivent à l'HISTOIRE DU PEUPLE.

E. ARAGO,	Pyrénées-Orientales.	**CARLES FOREL,**	Vosges.
BAUDIN,	Ain.	**FRICHON,**	Haute-Vienne.
BAUNE,	Loire.	**GASTIER,**	Ain.
BERTHOLON,	Isère.	**KESTNER,**	Haut-Rhin.
BRUCKNER,	Bas-Rhin.	**LASTEYRAS,**	Puy-de-Dôme.
BRUYS,	Saône-et-Loire.	**MADIER DE MONTJAU,**	Saône-et-Loire.
CHOLAT,	Isère.	**MICHEL (de Bourges),**	Cher.
COLFAVRU,	Saône-et-Loire.	**NADAUD,**	Creuse.
COMBIER,	Ardèche.	**RACOUCHOT,**	Saône-et-Loire.
CRÉMIEUX,	Indre-et-Loire.	**SAIN,**	Loire.
CURNIER,	Drôme.	**SAINT-FERRÉOL,**	Haute-Loire.
DUCOUX,	Haute-Vienne.	**SAVATIER-LAROCHE,**	Yonne.
DUPONT (de Bussac),	Isère.	**SCHOELCHER,**	Guadeloupe.
ETCHEGOYEN,	Loir-et-Cher.	**EUGÈNE SUE,**	Seine.

CONDITIONS DE LA PUBLICATION.

L'ouvrage complet formera CINQ volumes, publiés en quarante séries de trois livraisons chacune, et enrichis de quarante gravures sur bois, dues au crayon du citoyen MARVILLE.

20 centimes la livraison. — 60 centimes la série.

UNE SÉRIE PAR SEMAINE.

DÉPOT CENTRAL :

RUE DES POULIES SAINT-HONORÉ, 3, PRÈS DU LOUVRE,

ET CHEZ LES PRINCIPAUX LIBRAIRES DE PARIS ET DES DÉPARTEMENTS.

TOUT SOUSCRIPTEUR QUI PAIERA D'AVANCE

6 fr. 12 fr. ou 24 fr.

Recevra pendant : TROIS MOIS, SIX MOIS, UN AN,

Le Journal LA FEUILLE DU PEUPLE.

Cet abonnement est servi FRANCO.

GOUVERNEMENT DIRECT.

ORGANISATION

COMMUNALE ET CENTRALE

Projet présenté à la Nation par quelques démocrates.

Pour l'Organisation de la Commune,

de l'Enseignement, de la Force publique, de la Justice, des Finances, de l'État.

Cet ouvrage formera un volume de 500 pages in-8°, il paraît par séries de trois feuilles, au prix de 50 cent.

Se trouve à la **Librairie Républicaine** *de la* **LIBERTÉ DE PENSER,**

RUE DES PETITS AUGUSTINS, 5,

ET CHEZ GABRIEL, LIBRAIRE, PASSAGE DU SAUMON.

Paris. — Imprimerie de DUBUISSON, rue Coq-Héron, 5

INTRODUCTION.

A travers la succession des siècles, au milieu des bouleversements suscités par l'incessante ambition des chefs de nations, la démocratie n'apparaît qu'à de rares intervalles, comme le filon d'or au flanc décharné des montagnes, comme la perle précieuse au fond des océans.

En parcourant l'histoire des peuples, depuis que les notes écrites ont succédé à la tradition parlée, le lecteur épouvanté ne rencontre sous ses pas que des ossements brisés par le fer; son œil ne peut s'arrêter que sur des gibets et des instruments de supplice; la trace de son pied ne s'imprime que sur la cendre des bûchers ; il marche sans cesse entre les hurlements de la colère et les gémissements de la douleur, entre les imprécations des exécuteurs et le râle des martyrs ; partout, chez tous les peuples, sous tous les climats, il ne rencontre toujours que le même bourreau, le despotisme, — la même victime, la liberté ! Toujours Caïn frappant Abel !

De loin en loin, comme les feux souterrains qui déchirent la surface du globe et produisent les tremblements de terre, la démocratie brise ses chaînes et, s'armant des débris de ses entraves, les lance au front de ses geôliers. Ces luttes héroïques, jalons plantés par la main de l'Être suprême, ont semé de crânes humains l'étroit sentier que parcourent les générations pour atteindre enfin à la terre promise de la liberté. Les triomphes de la démocratie sont les oasis à l'ombre desquelles les combattants ont pansé leurs blessures, et qui reposent aujourd'hui les yeux fatigués du lecteur.

En remontant de trois mille ans dans l'antiquité, c'est-à-dire environ douze cents ans avant l'apparition du Christ, jetons un regard rapide sur le spectacle que présente le monde : au Midi, un épais nuage de sable, au Nord, un immense rideau de neige nous cachent des populations innombrables, qui ne se manifesteront que quinze cents ans plus tard, par des colonies armées, avalanches humaines qui engloutiront tous les peuples civilisés de l'Occident.

Deux parties du monde, l'Amérique et l'Australie, sont encore inconnues pour bien des siècles.

Presque tout l'univers est plongé dans une nuit profonde; quelques parties seulement de l'Asie, de l'Europe et de l'Afrique, sont éclairées.

Attirées par la sérénité du ciel, la fertilité du sol et le voisinage des rivières, des fleuves ou des mers, des peuplades, d'abord nomades, renoncent à la vie errante, se livrent à l'agriculture, à l'industrie, au commerce; puis, reliées entre elles par l'échange des produits et les besoins réciproques de la vie, elles s'agglomèrent et forment des peuples; plus tard les peuples nouveaux, que l'accroissement de la population oblige d'étendre leurs limites, ont recours à la guerre, qui donne la conquête; le peuple vainqueur groupe autour de lui le peuple vaincu, le réduit en esclavage, s'empare du territoire nouveau, et devient une nation puissante.

Voilà l'origine de la Chine et du Japon, de l'Inde et de la Chaldée, de l'Assyrie et de la Perse, de la Phénicie et de l'Egypte, de la Grèce et de tous les états qui bordent les côtes de la Méditerranée.

C'est seulement à ces sources que nous avons dû puiser les premiers éléments des *luttes* et des *triomphes* de la démocratie; la scène s'élargira à mesure que le flambeau de l'histoire deviendra plus lumineux.

Depuis la fondation de la république d'Athènes, que nous prenons pour point de départ (onze cent quarante-six ans avant Jésus-Christ), nous suivrons à travers les âges la marche de la démocratie jusqu'au jour où son bras triomphant, deux mille neuf cent quatre-vingt-quatorze ans plus tard, réduisit en cendres le trône du dernier des rois de France, le 24 février 1848.

Si attrayant, si large que soit ici le champ des souvenirs et des rapprochements, nous nous bornerons au récit des faits propres à l'*Histoire du Peuple;* les faits, dans ce drame palpitant, portent assez d'enseignements en eux-mêmes, et puis, au peuple de nos jours il suffit de montrer le droit aux prises avec la force, la vérité combattant le mensonge, le génie de la liberté foudroyant le démon de la tyrannie.

HISTOIRE

DU PEUPLE.

RÉPUBLIQUE D'ATHÈNES.

—

DÉVOUEMENT DE CODRUS.

(1146 ans avant Jésus-Christ.)

A l'extrémité méridionale de l'Europe, sur un vaste promontoire qui domine la mer Egée (1), une des parties de la Méditerranée, florissait depuis plusieurs siècles la puissante ville d'Athènes. Riche et fière à juste titre du génie de ses citoyens industrieux, elle portait au milieu du reste de la Grèce le sceptre des arts et des sciences; mais, si l'éclat de sa gloire commandait à ses voisins le respect et l'admiration, plusieurs aussi voyaient d'un œil d'envie sa grandeur et sa prospérité.

Dès longtemps Athènes était gouvernée par des chefs qui,

(1) Aujourd'hui appelée mer de l'Archipel.

d'abord simples généraux des armées, avaient peu à peu usurpé une espèce de pouvoir souverain, et l'avaient inféodé dans leurs familles. Plus tard, leurs descendants s'arrogèrent le titre de *roi*, et, pour former autour de leur puissance un rempart contre l'esprit d'égalité, ils créèrent des nobles : de là oppression d'une classe supérieure sur une classe inférieure, exploitation de l'homme par l'homme, oisiveté luxueuse des uns, labeur incessant des autres; de là fermentation des idées, de là haine des diverses classes entre elles : chez les nobles résolution de conserver leurs priviléges, chez les artisans tendance vers une révolution, c'est-à-dire besoin de changements dans la forme politique du gouvernement et dans les bases de la société.

Tel était l'état des esprits quand les Héraclides, rois ligués de divers peuples voisins, déclarent la guerre aux Athéniens; quelques griefs imaginaires en sont le vain prétexte, la raison réelle est l'appât du butin et l'espoir d'agrandir leur domination.

A cette époque, la superstition pour les oracles était extrême. Les prêtres de ce temps, comme ceux de toutes les religions qui ont remplacé les oracles, prétendaient être les interprètes de la volonté des dieux.

Consulté par les aggresseurs sur l'issue de la lutte, l'oracle répondit que la victoire resterait à la nation dont le roi périrait pendant la guerre. Les Héraclides, en conséquence, ordonnèrent à leurs soldats d'épargner les jours de Codrus, roi d'Athènes, s'il tombait entre leurs mains.

Déjà les phalanges athéniennes s'apprêtaient résolument à marcher contre l'ennemi, lorsque Codrus est secrètement informé de la réponse faite par l'oracle. Aussitôt ce prince, phénomène parmi les souverains, conçoit le projet le plus magnanime. Dès que la nuit a couvert son armée de voiles épais, il dépouille ses insignes royaux, se couvre des modestes habits d'un paysan, se dérobe à la surveillance des sentinelles, et, après une marche forcée, arrive en vue du camp des Héraclides avant le lever du soleil. Se glissant comme un espion, d'un pied furtif mais d'une maladresse calculée, il s'approche d'une des sentinelles avancées, l'attaque et livre volontairement sa poitrine au glaive de son adversaire. « Soldat, s'écric Codrus, qui tombe mortellement frappé, va dire à ton maître que la victoire est assurée aux Athéniens : tu viens de tuer Codrus, le roi ! » Puis, tournant une dernière fois ses regards vers Athènes, sa patrie, il invoque les dieux pour elle et expire.

Honneur à lui ! Par son admirable sacrifice, il épargna le sang de ses frères : la vie de deux citoyens vaut mieux que celle du plus grand des monarques.

Quelques heures après, l'ennemi découragé se retirait précipitamment. Libre ainsi des périls de la guerre étrangère, Athènes allait voir s'engager la lutte laborieuse de la liberté.

Entre les nobles qui prétendaient conserver la monarchie, source de priviléges, et les citoyens opprimés qui voulaient une équitable répartition des charges publiques, le combat fut long et opiniâtre; mais que peut une caste corrompue contre un peuple qui comprend ses droits? L'orgueil des aristocrates dut enfin s'incliner sous le niveau fraternel de l'égalité. Pourtant on hésitait encore sur la forme de gouvernement que la nation adopterait, quand un citoyen, dont l'histoire n'a pas gardé le nom, parlant à la foule assemblée, entraîna les esprits par une raison décisive : « Où trouverions-nous, dit-il, un homme digne de succéder au magnanime Codrus

Athéniens, c'est à Jupiter seul, c'est au maître des dieux qu'il appartient de porter le sceptre de l'immortelle Athènes. Egaux en droits, nous ne devons obéir qu'aux plus sages; en leur confiant la direction de l'Etat, désormais accessible à tous, nous rendrons hommage à la divinité, dont la sagesse est le plus glorieux attribut. »

D'unanimes applaudissements accueillirent cet avis, et la couronne, reléguée dans les cieux, fut consacrée à Jupiter, majesté complètement inoffensive. La voix du suffrage universel, en donnant la souveraineté nationale pour base à la nouvelle constitution, proclama la grande République athénienne, qui plus tard devait enfanter Aristide, Thémistocle, Platon et Socrate.

INSURRECTION DES JUIFS.

—

(984 ans avant J.-C.)

Presqu'en face de la célèbre Athènes, sur les confins de l'Asie et de l'Afrique, aux rives occidentales de la Méditerranée, vivait un peuple partagé en douze tribus. Le pays s'appelait la Judée, ses habitants se nommaient la *nation sainte*, le *peuple de Dieu*. Les Juifs, ignorants et superstitieux, malgré les *divines* leçons qu'ils ne cessaient de recevoir par la bouche *inspirée* de leurs prophètes, avaient déjà subi des persécutions nombreuses de la part des rois voisins; plusieurs fois ils avaient été réduits en esclavage et traînés en Assyrie et en Egypte. Dieu, dont ils se disaient les enfants privilégiés, les laissait traiter d'une façon peu paternelle, probablement pour leur inspirer le courage qui protége contre l'oppression, et l'amour de la liberté, qui seule peut procurer à l'homme la vraie gloire et le bonheur.

Cependant, malgré les cruels enseignements qu'auraient dû leur donner des guerres désastreuses, accompagnées de meurtres, de massacres, de pillages, d'incendies, et souvent suivies de la servitude, au lieu de former, comme les Athéniens, un redoutable faisceau populaire contre la tyrannie intérieure et l'oppression étrangère, ils avaient consenti à humilier, sous la monarchie, leur front si souvent flétri par les douleurs de l'esclavage.

Mais enfin le joug leur devient insupportable : le poids des impôts, dont les charge l'insatiable royauté, les pousse au désespoir.

Déjà, sous leur dernier roi, Salomon, dont les historiens ont vanté la grandeur, et qu'ils ont gratifié du surnom de *Sage*, non pas sans doute parce qu'il entretenait à grands frais, et pour son usage exclusivement personnel, sept cents femmes légitimes et trois cents concubines, les Juifs, justement scandalisés et incapables de subvenir aux frais d'une telle luxure, s'étaient révoltés et avaient mis à leur tête un jeune seigneur, nommé Jéroboam, dont ils n'avaient pas d'abord pressenti les ambitieuses prétentions. Le mouvement insurrectionnel avait été comprimé, mais le volcan, bien qu'il ne lançât plus ses feux vers la nue, n'en bouillonnait pas moins sourdement.

Roboam, fils et digne successeur de Salomon, régnait alors très peu saintement sur la nation sainte. Des prophètes vrais et faux, les uns envoyés par Dieu, les autres par le diable, disent les Ecritures, espèce d'oracles en grande vénération, faisaient en vain retentir des menaces de la colère céleste les carrefours de Jérusalem et les voûtes du palais de Roboam : sa majesté fermait l'oreille à leurs avertissements. Le pouvoir n'a-t-il pas été de tout temps une cloche qui assourdit le sonneur?

Cependant l'orage populaire commence à gronder, les épées sortent du fourreau, les javelots sont aiguisés; les citoyens embrassent leurs enfants, comme pour leur dire un dernier adieu, des groupes se forment, les esprits s'enflamment, puis les masses deviennent compactes et bouillonnantes.

Jéroboam, beau et ardent jeune homme, apparaît le front découvert, la tête haute. A la vue d'un tel chef, l'insurrection s'exalte, cent mille voix répètent : Justice ! liberté ! Les citoyens qui se trouvaient le plus rapprochés de Jéroboam auraient pu remarquer que ce dernier cri ne sortit pas de sa bouche.

Mais déjà une députation du peuple avait franchi les premières portes du palais, et le roi Roboam, entouré de ses flatteurs et des nombreuses veuves de son père, paraissait même ignorer l'existence de la vile multitude.

En ce moment les délégués du peuple approchent, le bruit de leurs pas retentit sous les voûtes royales. Un esclave du palais, espérant sans doute que sa liberté pourra jaillir de l'insurrection, s'empresse d'ouvrir à deux battants la porte de la salle du trône, et, s'improvisant huissier du roi, il annonce d'une voix vibrante : « Le peuple ! »

— Que veut dire cet esclave? balbutie Roboam sortant de sa torpeur.

Un vieillard au front dénudé s'avance jusqu'au pied du trône, et dit avec tout le calme qu'inspire le bon droit :

— Roi de Judée, tes sujets sont écrasés sous le poids des impôts...

— Assez ! réplique vivement le roi, qui se lève et d'un signe impératif veut chasser l'ambassade populaire.

— Roi Roboam, s'écrie un jeune homme indigné, ne vois-tu pas que le peuple est debout?

— Debout? devant moi! dit Roboam; ah! je saurai bien le contraindre à plier le genou...

— Roboam, reprend le vieillard qui avait porté le premier la parole, il te serait plus facile de dessécher le lit du Jourdain que de forcer le peuple à s'agenouiller devant son oppresseur.

— Rebelles insolents, *n'attendez pas de moi que je vous traite autrement que mon prédécesseur, et si vous me désobéissez, au lieu de fouets, je me servirai de sangles pour vous châtier.*

A ces mots, prononcés par l'aveugle monarque, les délégués se retirent : l'heure suprême va sonner pour la tyrannie.

Quelques instants après, le cri « aux armes ! » venait, comme un glas funèbre, frapper l'oreille étonnée de l'impitoyable Roboam; il jette autour de lui des regards inquiets, l'épouvante glace ses lèvres et paralyse sa voix : tous les courtisans, pleins de jactance il y a quelques moments à peine, avaient prudemment disparu.

En vain quelques archers fidèles essaient de rallier à eux les misérables que la munificence du monarque avait engraissés des sueurs du peuple; découragés, ils abandonnent leurs armes ou se joignent à la multitude, en criant comme elle : « Justice ! liberté ! »

L'unanimité des opprimés avait anéanti les iniques desseins des oppresseurs. Si, au contraire, la majorité des citoyens était restée inerte, se bornant à faire des vœux pour le succès de la révolution, l'armée des corrompus se serait recrutée des ignorants et des salariés, le sang aurait coulé à flots, les plus ardents et les plus convaincus parmi les citoyens eussent peut-être succombé sous le nombre, et les douze tribus, c'est-à-dire les douze provinces qui composaient l'Etat, eussent été décimées par la réaction royaliste, avec son hideux cortége, les massacres, le bannissement et la spoliation.

Pendant que la solitude se faisait au camp du roi, le peuple s'était réuni en immenses comices, où les opinions les plus nouvelles s'exprimaient en toute liberté. Il s'agissait de savoir si la nation resterait sous la domination restreinte de Roboam. Deux tribus, celle de Juda et celle de Benjamin, furent de cet avis; leur volonté fut respectée. Les dix autres tribus, ne voulant à aucun prix rester sous le joug du tyran, décidèrent qu'elles se sépareraient et formeraient un Etat à part. Mais quelle sera la forme du nouveau gouvernement? Les uns, forts d'une conviction raisonnée, demandent à grands cris la République; les autres, timides, ignorants ou entraînés par de vains préjugés, veulent conserver la royauté; quelques habiles soudoyés surviennent et augmentent la confusion : le tumulte est à son comble.

Jéroboam, le jeune chef de l'insurrection, qui jusqu'alors avait soigneusement caché ses vues ambitieuses, propose de remettre au lendemain la décision, sous prétexte de consulter les citoyens absents. Sa proposition est acceptée.

Pendant la nuit, toutes les mauvaises passions sont remuées : Jéroboam charge ses émissaires de répandre les promesses les plus séduisantes; les corrompus et les corrupteurs, qui s'étaient soigneusement cachés la veille, dans la crainte d'une bataille, sortent en toute hâte de leurs impénétrables retraites, et viennent faire leurs conditions intéressées avec le jeune ambitieux. Chacun, pour rehausser ses services et en augmenter le prix, promet, quitte à ne pas tenir, un grand nombre de suffrages.

Le lendemain, attendu qu'il n'y avait plus de dangers à courir, les timides et les privilégiés se montraient plus nombreux que la veille. Les partisans du gouvernement de tous par tous, confiants dans la sainteté de leurs principes, n'avaient pas intrigué; la forme républicaine fut écartée, et, à une faible majorité, Jéroboam fut proclamé roi héréditaire.

Ainsi s'éleva le royaume nouveau, qui prit le nom de *Royaume d'Israël.* Déception que nous verrons plus d'une fois se renouveler chez d'autres peuples, et qui fut surtout fatale aux Juifs. La corruption monarchique énerva bientôt le courage, après avoir souillé la conscience des citoyens.

A deux siècles de là, les soldats de Salmanazar, roi d'Assyrie, poussaient devant la pointe de leurs javelots un immense troupeau d'hommes enchaînés, de femmes en pleurs, de vieillards décrépits et de faibles enfants.

C'était la nation d'Israël!

Elle disparut de la face du monde sans que l'histoire ait indiqué sa trace. Le petit nombre de ceux que les fatigues et les mauvais traitements épargnèrent se perdit dans le royaume d'Assyrie, comme les eaux d'un ruisseau dans l'immense Océan.

RÉPUBLIQUE DE CARTHAGE.

DIDON, FONDATRICE DE CARTHAGE. — DÉVOUEMENT DES FRÈRES PHILÈNES.

(890 ans avant J.-C.)

Sur la côte occidentale d'Afrique, baignée par la Méditerranée, cette mer dont les eaux calmes semblent avoir été destinées à servir de miroir à l'antique civilisation, pendant que presque toutes les autres parties de l'univers se cachaient encore, pour bien des siècles, dans une nuit complète; au fond d'un golfe magnifique, défendu à droite et à gauche par deux promontoires, citadelles naturelles contre les tempêtes, formant avec l'île de Sicile et l'île de Sardaigne une sorte de triangle, commençaient à s'élever les premiers édifices de Carthage, cette cité appelée à de si hauts mais de si courts destins. Une femme, justement renommée pour ses vertus et sa beauté, avait été son premier architecte. Didon avait eu la douleur de voir massacrer son époux par Pygmalion, roi de Tyr, à cause de ses immenses richesses; voulant échapper à la cupidité autant qu'à la barbarie de ce monarque assassin, son propre frère, elle s'était vue jetée par une tempête sur ces côtes hospitalières. Les naturels africains l'accueillirent avec joie; la tempête avait respecté les trésors que portait son vaisseau, et sur ses pas s'étaient pressés les citoyens généreux qu'indignait la tyrannie de Pygmalion; beaucoup d'autres encore suivaient la fortune de Didon : c'étaient tous ces hommes infatigables de corps, avides d'indépendance et d'un légitime bien-être acquis par le travail, que les esprits étroits, les indolents et les égoïstes prétendent flétrir du nom *d'aventuriers*.

Dès qu'elle eut acquis le territoire nécessaire à l'établissement de sa colonie, en même temps que ses compagnons pleins d'ardeur creusaient un port, élevaient des murailles et surtout traçaient des sillons, Didon s'entoura des plus nobles intelligences, des âmes les plus droites, et prépara, sur les bases les plus démocratiques, le pacte social qui bientôt reçut la sanction de la nation nouvelle. Bien différente en cela de tant de sociétés anciennes et modernes, Carthage vit s'asseoir au pied de son berceau la raison et la fraternité; elle eut le suffrage direct pour tous et en toute matière; le travail fut obligatoire et honoré; l'éducation des enfants, le respect des vieillards, le soin des infirmités humaines, rien n'y fut omis ou négligé. Deux magistrats suprêmes, élus annuellement par le libre choix de tous leurs concitoyens, administraient l'Etat sous le titre de *suffètes*. Au milieu de ce peuple heureux et reconnaissant, Didon, que les poètes appellent mal à propos *la reine* de Carthage, ne fut en réalité que le gérant de la famille nouvelle ou plutôt son génie protecteur. De toutes parts, en écoutant le récit des voyageurs, les esprits actifs s'élancèrent vers ce foyer d'industrie et de liberté.

Aussi bientôt la jeune république ne respire plus à l'aise

dans son enceinte première; son territoire est trop resserré, il faut songer à en étendre les bornes. Les populations indigènes, quoique peu civilisées, se prêtèrent assez volontiers à l'agrandissement indispensable de leurs voisins. A cette époque, la propriété n'avait pas encore enclos les champs, l'homme se contentait de recueillir et de s'approprier les fruits de la terre qu'il avait arrosée de sa sueur; il n'avait pas songé à se déclarer maître du sol! Cependant quelques difficultés s'élevèrent entre les Carthaginois et les Cyrénéens, peuple du voisinage, au sujet des limites qui devaient les séparer. Des députés furent envoyés des deux parts, et l'on décida que deux citoyens de chaque peuple, sous les yeux d'inspecteurs, Cyrénéens pour les Carthaginois, et Carthaginois pour les Cyrénéens, partiraient à la même heure et à pied de leur ville respective, en suivant le même chemin, et qu'à l'endroit où ils se rencontreraient serait fixée désormais la frontière des deux nations.

Le peuple s'assemble, un grand nombre de citoyens briguent l'honneur d'être les tenants de ce singulier tournoi. Tous ont des droits égaux, une même ardeur les anime; comment faire un choix parmi tant de dignes rivaux? On convient que les suffrages peuvent seuls en décider. De cette épreuve solennelle sortent les noms de deux frères, nommés *Philæni* (1), particulièrement connus par leur dévouement sans bornes à la cause commune. L'heure désignée est venue, les envoyés de la partie adverse sont présents, le signal est donné, les deux frères partent d'un pas égal mais précipité, et, après une course longue, dont l'extrême fatigue disparaît devant l'ardent désir d'être utiles à leurs concitoyens, ils rencontrent enfin les commissaires du parti opposé.

(1) On les nomme plus communément *Philènes*.

Les Cyrénéens, irrités de voir l'immense terrain conquis par leurs adversaires, prétendent que les conditions n'ont pas été scrupuleusement remplies; ils vont même jusqu'à laisser entrevoir qu'ils soupçonnent leurs témoins de connivence avec les Carthaginois, et veulent forcer les deux frères à rétrograder. « Notre conscience est pure, dit l'aîné des Philènes, toutes les conditions ont été rigoureusement observées; nous ne pouvons rétrograder sans causer à notre patrie un injuste dommage; nous sommes décidés à ne pas quitter cette place.»

Devant une telle résolution, les Cyrénéens interdits se consultent, et pour obtenir de meilleures conditions posent d'un ton menaçant cette cruelle alternative : « Nous accepterons les limites, disent-ils, si vous consentez à être enterrés vivants à cette place. Entre les deux états la paix est à ce prix ; si vous refusez, allez dire à Carthage que Cyrène lui déclare une guerre d'extermination. — Nous mourrons, s'écrient les deux frères, pour épargner le sang de nos concitoyens et le vôtre ! Creusez donc notre tombe, nous sommes prêts à y descendre. »

Cet admirable sacrifice fut consommé; les deux Philènes descendirent vivants au tombeau. Les habitants de Cyrène, admirant un si sublime courage, pardonnèrent à leurs trop lents champions la perte d'une partie du territoire dont ils avaient jusqu'alors disposé sans droits acquis.

Les Carthaginois, pleins de reconnaissance, élevèrent deux autels à la mémoire des deux frères sur le lieu même de leur mort, et Didon y grava ces mots : « *Aux héros du dévouement à la patrie !* »

Bientôt elle-même allait donner à sa nouvelle patrie la preuve d'un attachement héroïque.

La renommée avait déjà vanté au loin la beauté de la jeune

femme et la prospérité du nouvel état; Iarbas, roi de Numidie, couvrant une ambition démesurée sous le voile d'un amour apparent, envoya des ambassadeurs chargés de solliciter pour lui l'honneur d'épouser la fondatrice de Carthage; en cas de refus, ces envoyés devaient déclarer la guerre, moyen royal déjà en usage à cette époque.

Didon, en consentant à cette union, ouvrait au tyran les portes de Carthage; mais le repousser c'était exposer la République naissante aux désastres d'une guerre d'invasion, c'était surtout mettre en péril l'édifice de sa liberté.

Dans cette alternative suprême, la généreuse femme, pour préserver à la fois la jeune République d'une guerre inégale et du joug d'Iarbas, n'hésite pas à faire à la liberté le sacrifice de sa vie : elle se perce le sein d'un coup de poignard et expire en faisant des vœux pour Carthage.

Dévouement sublime, que peuvent seuls inspirer l'amour de ses semblables et la passion de la liberté !

RÉVOLTE DES ESCLAVES DE TYR.

(578 ans avant J.-C.)

Avant de raconter le fait sans exemple qui concerne les esclaves de la ville de Tyr, il nous semble utile de donner quelques détails sur l'esclavage en général.

L'esclavage était l'obligation imposée à un homme de travailler tous les jours, toutes les semaines, toute l'année, toute sa vie, pendant le froid et pendant la chaleur, à la pluie et au soleil, dans la fange des marais comme dans le sable des plaines, de niveler les montagnes, descendre dans les fondrières, creuser les canaux, abattre les forêts, fouiller les mines, fabriquer le fer, l'allonger en soc et en épée, le tordre en faucille, labourer, semer, moissonner, battre et écraser les grains, panser les animaux, les tondre, tisser et coudre les étoffes, tanner les cuirs et fabriquer les chaussures, *irriguer* ou dessécher les prairies, couper les herbages, pêcher les poissons des mers, des fleuves et des rivières, cultiver les jardins, extraire la pierre, bâtir les maisons, les palais et les édifices, construire les navires, ramer sur les galères, gémir sous les fardeaux, suivre à la guerre et à la chasse l'homme d'armes pour porter son bagage et soigner sa monture, manier la

HISTOIRE DU PEUPLE. Les Esclaves de Tyr. Paris Typ. Dondey-Dupré, r. St-Louis, 46.

charrue, la faulx, la bêche, la serpe, la hache, la scie, le rabot, le marteau, le ciseau et la lime, en un mot, se livrer sans relâche, sans murmure, sans hésitation, à tous les travaux domestiques, industriels, agricoles, les plus pénibles comme les plus immondes.

Voilà quels étaient les devoirs imposés ou plutôt infligés à l'esclave!

— De tous ces travaux, de toutes ces sueurs, de toutes ces souffrances, qui retirait les fruits précieux?

— Un homme, absolument constitué comme l'esclave! un homme qui n'avait eu que la peine de naître, et qui daignait prendre la peine de boire le vin, manger le pain, la viande, les légumes, les poissons et les fruits, résultat du labeur de l'esclave! Un homme qui daignait se vêtir d'habits magnifiques et digérer dans des lits somptueux qu'avait produits l'esclave. Cet homme s'appelait le *maître!* Son droit, il le tenait de cet abus passé en principe, que chacun peut disposer suivant son bon plaisir de la chose qu'il a achetée au marché. A ses yeux, l'esclave n'était pas un homme, c'était une chose; il était vendu et livré comme marchandise, bétail et bête de somme.

Et quelle était la part de l'esclave dans cette profusion de jouissances si péniblement amassées par ses mains? — Quelques grains avariés, quelques mets repoussants et l'eau de la fontaine, telle était l'insuffisante nourriture que la munificence du maître octroyait à l'instrument de ses plaisirs et de son oisiveté.

— Tant de privations du moins, tant de peines, dira-t-on, n'étaient pas incessantes; quelques heures de repos, d'innocents délassements effaçaient bien des larmes?

— Danser quand les jambes étaient brisées de fatigue, faire des contorsions avec des bras énervés, souffler dans les instruments avec des poumons sans haleine, pour charmer les loisirs du maître, de la maîtresse et des petits maîtres en herbe, porter en palanquin la noble famille, sur des épaules meurtries, à travers les champs ou la ville, enfin et surtout, descendre nu dans les cirques pour combattre les lions, les tigres, les panthères, aux grands applaudissements des maîtres et des oisifs, — voilà les délassements de l'esclave !

— Lui restait-il du moins le bonheur d'oublier un instant ses peines, le matin et le soir, dans les embrassements de ses enfants et de sa femme?

— Usurpateurs des droits les plus sacrés, les maîtres ne permettaient pas la famille à l'esclave. Si parfois le maître concédait à son esclave une *femelle*, esclave aussi, c'était toujours en vue des *petits* à naître, esclaves dès le ventre de la mère, chiffres ajoutés à l'opulence du maître, qui pouvait *légalement* en disposer à son gré. Le maître avait-il par hasard oublié quelques mois dans leur nid ce couple producteur, le pauvre père, obéissant à la loi de nature, s'attachait tendrement aux enfants et à la mère, — puis un soir, au retour de sa longue et pénible journée, il trouvait le chenil vide : — la mère et les enfants avaient été vendus au marché, en bloc ou séparément, suivant le bon plaisir de l'acheteur. Souvent on vit des pères et des mères, pour ne pas léguer à leurs enfants un aussi affreux avenir, les étouffer en leur faisant *avaler de la terre*, moyen qui ne laisse pas trace de mort violente, et verser ensuite des larmes pour tromper l'œil investigateur du maître frustré d'un esclave futur. — Voilà la famille de l'esclave !

A cet affreux tableau ajouterons-nous encore le catalogue des peines et supplices réservés à l'esclave? le voici : Pour la moindre infraction à la discipline, un mot, un geste, un froncement de sourcil, interprétés suivant le caprice du maître, la prison, le cachot, le cul de basse fosse, les chaînes simples et doubles, le fouet avec corde ou nerf de bœuf ; — pour menaces, insoumission : les oreilles mutilées, un poignet coupé, une jambe abattue, la langue percée d'un fer rouge ou arrachée, les yeux brûlés ou crevés, — et dans tous les cas la torture avec toutes ses atroces complications, puis la mort sous toutes les formes : par le poison, la faim, le fer, le feu, la décapitation, le crucifiement, la strangulation, la pendaison, l'écartèlement, l'écrasement, la dissection vive, — puis le corps jeté en pâture aux poissons ou aux animaux carnassiers, ou bien suspendu à un gibet jusqu'à dissolution complète, pour l'édification des survivants ! — Tout cela dans la maison et par ordre du maître, sans la moindre intervention des magistrats.

A part quelques soulagements jetés par une main que dirigeait la pitié, *l'exemption* des cruels châtiments que nous venons d'indiquer formait à elle seule le répertoire des récompenses pour l'assiduité au travail, la soumission aux ordres et l'abnégation la plus complète.

— Quoi ! les lois étaient muettes en présence de pareilles horreurs ?

— Loin d'être muettes, elles autorisaient ; — les lois n'étaient-elles pas faites par les maîtres, uniquement au profit des maîtres !

Aussi quel est l'esclave qui ne s'est pas surpris à envier le sort du cheval, du bœuf, de l'âne et même du pourceau ?

Cependant l'esclavage a été un progrès relatif, une diminution du mal, un pas lointain vers les principes humanitaires ; progrès, il est vrai, inspiré par l'égoïsme, mais dont les hommes de bien ont dû se réjouir.

A l'origine des guerres, les populations subjuguées étaient réduites en esclavage, et les guerriers passés au fil de l'épée; plus tard, les guerriers furent assimilés aux populations non armées, et, comme elles, soumis à l'esclavage. On ne retire plus rien de l'homme qu'on a tué!

L'esclavage est aussi ancien que la guerre, et la guerre est aussi ancienne que le monde. Suscitée par les mauvaises passions des despotes, envenimée d'autant plus que les familles princières pullulent davantage, et qu'il faut à chacun de leurs membres un apanage et des sujets, la guerre n'a pas cessé de ravager le monde. Chantez, peuples imbéciles, célébrez les alliances de vos rois, la fécondité de vos reines! quand le fils du désert voit bondir au loin la femelle du tigre suivie de ses nombreux petits, il ne se réjouit pas, lui, mais il veille et prépare ses armes.

Nous verrons l'esclavage se perpétuer pendant plus de trois mille ans, se transformer en s'adoucissant, et subsister toujours sous divers aspects, en suivant la marche plus ou moins lente de l'idée réformatrice chez les différents peuples.

Quand on considère à la fois la docilité des esclaves et l'énormité de leur nombre relativement à celui des maîtres, on est saisi d'un profond étonnement. Un maître pour dix esclaves au moins, et souvent un pour mille, telle était la proportion parmi les nations anciennes.

Si l'on réfléchit sur ces chiffres, comment expliquer la continuité d'un pareil état d'abrutissement? L'esprit se refuse à en chercher les motifs: ce serait la honte de l'humanité. De tout temps la servilité de l'opprimé a enhardi la cruauté de l'oppresseur. La force, qui efface les montagnes, s'est humiliée devant la nullité : les géants se sont prosternés devant l'ombre d'un ciron.

Pour être logique, il faudrait appeler l'histoire du peuple l'*histoire de l'esclavage*.

Telle était l'existence de la plupart des hommes depuis de longs siècles, sur toute la surface de l'univers connu, lorsqu'un mouvement électrique, précurseur des révolutions, remua les esprits des esclaves de Tyr, comme les grondements souterrains qui précèdent les tremblements de terre.

Vers le milieu de la frontière d'Asie, au fond de la Méditerranée qui la baigne de ses eaux, à quelques lieues de Jérusalem, florissait Tyr, la cité aristocratique, environ 578 ans avant l'ère chrétienne. Ce n'était déjà plus la première ville de Tyr; celle-ci, bâtie sur le rivage, avait disparu sous le glaive de Nabuchodonosor, roi de Babylone. Après avoir subi un siège de treize ans, les habitants, dans l'impossibilité de prolonger la défense, avaient abandonné leurs maisons de pierre et s'étaient fait de leurs nombreux vaisseaux des maisons flottantes, dont les voiles enflées, en les emportant sur les eaux, les dérobèrent à la rage de Nabuchodonosor. Le vainqueur, ne trouvant rien à tuer ni à voler, se vengea sur les monuments vides; il fit raser Tyr et promena son orgueil sur les décombres. A quelque temps de là les habitants revinrent, et, pour se mettre à l'abri de l'avidité des rois de Perse et des autres tyrans voisins, élevèrent la seconde ville de Tyr sur une petite île, séparée de la terre par quelques centaines de brasses, en face des ruines de leurs premiers foyers. Bientôt la cité nouvelle ne tarda pas à prendre un accroissement immense.

La forme du gouvernement était la monarchie héréditaire, mais à l'époque dont il s'agit, le dernier roi étant mort sans héritiers, plusieurs familles puissantes et ambitieuses se disputaient la succession. Au milieu de ces querelles sans fin, le trône était vacant; deux suffètes ou juges gouvernaient la vil

Tyr comptait alors plus de 300,000 habitants, dont 60,000 esclaves sans famille, la plupart matelots et ouvriers du port, le reste artisans et manœuvres.

Son territoire sur la terre ferme était très peu étendu; riche du commerce de toutes les nations connues, elle semblait n'attacher d'importance qu'à l'empire des eaux. Les citoyens y accouraient de toutes parts. Les navires tyriens, après avoir déposé leurs marchandises sur toutes les plages, rapportaient au retour des cargaisons de prisonniers de guerre qu'ils achetaient chez les divers peuples. Ces esclaves, instruits par des chefs habiles, devenaient de hardis navigateurs; les premiers ils franchirent le détroit de Gibraltar, espèce d'embouchure, large de cinq lieues et féconde en naufrages, par laquelle l'immense Océan semble alimenter le grand lac de la Méditerranée. Ils ont exploré au loin vers le sud la côte occidentale de l'Afrique, et visité au nord les rivages occidentaux de l'Espagne, et de la Bretagne gauloise jusqu'aux Cassitérides ou îles Britanniques.

De son sein populeux, comme d'une ruche trop pleine, partaient ces essaims d'hommes qui allaient fonder, le long de la côte d'Afrique, des villes libres, plus heureuses que leur mère parce que les émigrants, instruits des vices du gouvernement monarchique, avaient partout donné la liberté pour base aux nouveaux états. Nous l'avons déjà vu pour la colonie de Carthage.

Les esclaves n'obtenaient leur affranchissement que par l'émigration; or, la faculté d'émigrer n'étant accordée qu'au prix d'une forte rançon partagée entre les maîtres et le gouvernement, bien peu parvenaient à l'acquérir à force de privations subies pendant de longues années; c'étaient les plus valides qui, sur les galères de l'État, recevaient une faible solde durant les expéditions maritimes. Le départ des colons ne faisait donc qu'exciter le désir de la liberté dans l'âme de ceux qui étaient condamnés à porter sans espoir les lourdes chaînes de l'esclavage.

Un de ces derniers surtout, jeune encore mais d'une complexion débile, incapable de faire le service de matelot, trop faible pour supporter des travaux pénibles, avait perdu toute espérance. Déjà, plusieurs fois, son maître, armateur avide et cruel, fatigué de le nourrir et voulant qu'après sa mort, disait-il avec une barbare ironie, il fût du moins utile à quelque chose, son maître avait menacé de le faire dépecer et manger par ses chiens. Jusque là, le pauvre esclave n'avait dû son salut qu'à ses répliques heureuses, à ses propos facétieux, et le Tyrien, assez souvent morose, se déridait volontiers en entendant un bon mot. Un jour que l'armateur paraissait résolu d'accomplir sa menace, Philon (c'était le nom de l'esclave) lui dit en souriant tristement : « Maître, avant de me mettre en ragoût, consultez au moins les convives. » En même temps, il appelle le chien favori du Tyrien ; l'animal accourt à cette voix amie, couvre Philon de ses caresses et semble prêt à le défendre contre toute aggression du barbare. Confus de la leçon, l'armateur fit grâce à l'homme en faveur de l'animal, mais sous cette réserve que Philon désormais, à force d'esprit et de gaîté, saurait le distraire dans ses accès de mélancolie. Le satisfaire n'était pas chose facile, le malheureux Philon ne tarda pas à s'en apercevoir. Après un dîner copieux, à quelque temps de là, le maître ordonne à son esclave de lui indiquer un moyen prompt de digestion. Philon réfléchit un instant, puis, tout à coup, « Maître, imitez-moi ! » dit-il en se mettant à sauter sur une jambe et faisant plusieurs fois le tour de la table. L'armateur s'élance et gambade lourdement, car ses jambes sont paresseuses et son ventre a l'ampleur d'un tonneau; Philon, au contraire, était sec et creux comme une flûte. Aussi le tonneau ne tarda pas à rouler à terre, mais la flûte resta debout. « Chien d'esclave, s'écrie le maître en fureur, je comprends ta pensée secrète; oui, je n'ai pas trop de deux jambes pour me soutenir, tandis qu'une seule te suffit pour marcher. » Et, à l'instant, il lui fait casser la cuisse. Philon, abandonné, sans secours, guérit pourtant de sa blessure, mais son âme ulcérée ne guérit point.

Sous cette enveloppe disgracieuse battait un cœur généreux, sous ce front martyr fermentaient d'ardentes pensées. Il n'était pas né esclave, il avait été arraché tout jeune des bras de sa mère arabe par d'avides pirates; des Tyriens l'avaient acheté. Dès longtemps il avait semé parmi ses compagnons d'infortune l'amour de la liberté avec la soif de la vengeance. Vengeance! pensée terrible qu'il faudrait arracher du cœur de l'homme! Vengeance, qui appelle le massacre et l'incendie! Mais n'est-ce pas l'oppresseur qui crée la vengeance, et n'est-il pas au pouvoir de l'oppresseur de la faire disparaître du monde, en traitant ses semblables comme il désire être traité lui-même?

Déjà Philon se tenait debout et s'essayait à marcher lorsque son impitoyable maître fut frappé d'une violente attaque de goutte; contraste providentiel! il eut les deux jambes paralysées.

Philon, depuis longtemps, épiait l'occasion de s'aboucher avec les esclaves *rebelles* (1), que les maîtres tenaient isolés et enchaînés dans une sorte de parc, au milieu des ruines de l'an-

(1) Les maîtres appelaient *rebelles* ceux des esclaves que révoltaient le plus l'injustice et la cruauté.

cienne ville. Le boiteux va trouver le paralytique et lui offre d'aller cueillir pour lui sur le mont Liban quelques herbes médicinales dont sa mère lui a enseigné l'efficacité. A cette proposition inespérée, on conçoit l'empressement du maître ; jamais le malade ne repousse la main qui lui apporte la guérison ; mais ce que l'esclave va chercher pour le maître, ce n'est pas la guérison, c'est la mort !

Pour se rendre au mont Liban, qui est environ à trois lieues du rivage, il faut traverser les ruines. C'est à ces ruines que Philon bornera sa course. Muni d'une permission écrite de son maître, il la présente aux préposés, esclaves comme lui, et la barque publique lui fait traverser le bras de mer qui sépare la ville du rivage ; débarqué sur la rive opposée, il presse convulsivement la main des rameurs comme pour leur dire : Tenez-vous prêts, l'heure de la résurrection approche ; — et les rameurs, lui pressant aussi les mains, semblent répondre avec un regard expressif : Nous sommes prêts ! — En les quittant, Philon leur dit que, chargé par son maître d'une mission importante, il ne peut être de retour que trois heures après le coucher du soleil : les rameurs lui promettent que la barque l'attendra.

A cette même heure, des esclaves rebelles, à l'œil ardent, aux bras nerveux, enchaînés six par six, au nombre d'environ trois cents, remuaient, sous un soleil brûlant, d'énormes blocs de pierre, et ramenaient péniblement un peu d'ordre dans le chaos produit par le pied destructeur du roi de Babylone, lorsque le boiteux, haletant et couvert de sueur, paraît au milieu d'eux. Les surveillants, au nombre de quinze, étaient allés chercher un peu d'ombrage sous les palmiers voisins. « Frères d'humiliation et de souffrance, s'écrie Philon d'une voix émue, écoutez-moi ! Jusques à quand courberons-nous nos fronts sous le fouet et sous l'injure? Tous les hommes ne sont-ils pas fils du ciel, et sortis du même flanc? Nul n'a le droit d'opprimer son semblable. Voyez à quel état m'a réduit le caprice d'un maître! Je ne puis rien abandonné à mes propres forces; unissons-nous pour la vengeance, et les dieux, qui nous voient, protégeront nos efforts. »

Au silence glacial qui succède, aux regards soupçonneux des esclaves prêts à s'éloigner sans répondre, Philon reconnaît la défiance qui pèse sur sa tête; les malheureux ont craint de rencontrer un traître, car l'agent provocateur n'est pas d'invention moderne!

— Eh quoi! s'écrie-t-il d'un accent énergique, l'appel vengeur ne trouve pas d'écho dans vos âmes! Vous détournez la tête, vous me fuyez comme un reptile impur! Oh! restez, frères, je vous en supplie : quelques-uns parmi vous doivent me connaître, je suis Philon, l'esclave de Ferragos l'armateur.

— Tu mens! réplique un des esclaves qui se trouvaient près de lui, tandis que les autres s'arrêtent à sa voix. Tu mens! Un jour j'ai porté un fardeau chez Ferragos l'armateur, c'est Philon qui l'a reçu, et Philon n'était pas boiteux.

— Ami, tu as dit vrai, reprend notre héros, Philon n'était pas boiteux, mais il l'est devenu sous la brutalité de son maître.

Puis s'adressant à ceux qui se sont rapprochés :

— Quelle preuve voulez-vous donc de ma sincérité? Si mes paroles ne peuvent rien sur vos cœurs, tenez, douterez-vous encore?

En même temps, l'œil en feu, il s'élance, saisit une hache près de lui, appuie son bras sur un débris de colonne, et d'un coup asséné d'une main convulsive il tranche son poignet gauche, qui tombe aux pieds de la foule stupéfiée.

A ce spectacle terrible, les esclaves n'hésitent plus; de leurs vêtements qu'ils déchirent ils étanchent le sang, enveloppent la blessure, puis s'élancent en criant : Vengeance ! liberté !

« Liberté ! » répète l'écho des ruines jusqu'à l'oreille des gardiens, qui accourent à ce cri formidable et succombent aussitôt étouffés par cent bras irrités.

Au bruit de la lutte, l'intrépide Philon, un instant écrasé sous le poids de la douleur, avait repris ses sens; de son premier regard il encourage la fatale exécution, puis d'un geste il semble dire : Assurez-vous qu'ils sont tous là.

Un des esclaves rebelles les compte et répond : « Quinze cadavres à écharpes bleues ! C'est bien cela. »

Le soleil allait disparaître sous l'horizon. Déjà le bruit du travail s'éteignait dans la ville de Tyr, et les flambeaux de l'orgie s'allumaient; les travailleurs soupiraient après le repos et les oisifs après la débauche. Aux mille bruits des chantiers et de l'arsenal succédait un profond silence; on n'entendait bientôt plus que le clapotement des vagues qui se brisaient aux flancs des navires à l'ancre, et le craquement des agrès sous la brise. Le ciel était sans étoiles et chargé d'épais nuages. Mais pour les familles nobles, conviées aux plaisirs, l'obscurité se dissipait devant les éclatants fanaux portés par de nombreux esclaves. Déjà le son joyeux des instruments faisait retentir les voûtes des palais, et le parfum des fleurs embaumait les appartements somptueux.

Pendant que ces hommes, pleins d'un stupide orgueil et avides de folles jouissances, se livrent à des joies effrénées pour charmer leur incessante oisiveté, d'autres hommes, meurtris par le fouet, amaigris, décharnés à force de travail, de jeûne et de misère, aiguisent le fer de la vengeance. Précédée de Philon, sur les épaules d'un des conjurés, et suivie de ceux qui portent des faisceaux de branches résineuses, la troupe des esclaves rebelles, armés de tous les instruments de travail, se glisse dans la nuit sombre à travers les ruines, et gagne silencieusement le rivage.

Ils ont tous juré par les dieux d'épargner les femmes, les filles et les enfants en bas âge, de n'employer le fer que contre les hommes, et surtout de ne détruire par l'incendie ni vaisseaux, ni édifices, ni maisons, ni vêtements, ni marchandises. — Ils avaient raison ! les ruines sont stériles pour les vainqueurs; une ville dévastée ne donne que la mort.

Les rameurs, au nombre de quatre, attendaient depuis quelque temps le retour de Philon. La phalange vengeresse s'arrête. Le mutilé s'avance seul près de la barque publique, donne aux rameurs quelques détails, et les rameurs jurent à voix basse de se joindre à leurs frères opprimés.

A un signal convenu les esclaves rebelles s'approchent; ils jettent dans la barque les instruments de travail, qui vont devenir des instruments de guerre; ils y poussent tous ceux que les maladies et les travaux ont rendus incapables de nager. Philon est placé au milieu d'eux; les autres, au nombre de plus de deux cent cinquante, roulent autour de leur cou les débris de leurs chaînes, et, le poignard aux dents, se précipitent à la mer. Barque et nageurs ont bientôt franchi l'espace qui les séparait de la ville; ils abordent vers un endroit isolé et désigné d'avance. Cent bras tirent la barque sur la grève, la dressent contre la muraille, et le rempart est escaladé. Aussitôt, secouant chacun une branche enflammée, les révoltés se ruent, comme des torrents de lave, sur tous les points de la cité; tout fuit au bruit de leurs chaînes brisées qu'ils agitent, tout est glacé de terreur à ces cris qu'ils lancent dans les airs : « Aux armes!... Mort aux maîtres!... Liberté! »

En un instant, d'un bout de la ville à l'autre, le glas fatal secoue, terrifie, exalte, sur leurs couches somptueuses les oppresseurs, dans leurs chenils les opprimés. Chaque rue, chaque maison devient le théâtre de combats acharnés, de luttes sans merci. Tandis que le désespoir soutient un grand nombre de maîtres, beaucoup d'autres, hier encore, impitoyables bourreaux, implorent à genoux la clémence de leurs anciennes victimes; ceux-ci cherchent en vain leur salut dans la fuite; ceux-là se glissent tout tremblants au fond des plus sombres retraites: nul n'échappe au fer vengeur. Mais détournons promptement nos regards de ces terribles scènes où l'homme redemande par le glaive son bien le plus précieux, la liberté.

Enfin les premières lueurs du jour éclairent les derniers coups des esclaves, désormais *affranchis*. Le sacrifice est consommé : trente mille de leurs ennemis ont expié par la mort ce titre d'*hommes libres* qu'ils s'étaient arrogé en torturant d'autres hommes sortis comme eux libres des mains de la nature.

Mais dix mille des esclaves ont aussi succombé dans la lutte; Un immense bûcher s'élève, leurs cendres glorieuses sont recueillies avec vénération et portées dans le temple de *Jupiter vengeur*.

Les nouveaux citoyens se réunissent sur la place publique et proclament l'abolition de l'esclavage et la liberté pour tous, mais, courbés encore sous la force de l'habitude et des préjugés, ils décident qu'ils se donneront un roi. Où trouver parmi eux un homme capable de les diriger? Tous, la veille encore, égaux en servitude, ils sont le lendemain égaux en ignorance. Deshérités depuis leur naissance des moyens d'apprendre, réduits au rôle de bêtes de somme, ils n'ont eu de pensées que pour la liberté. — Un grand nombre propose

Philon pour roi, mais Philon, comprenant son impuissance, refuse une couronne qu'il ne veut et ne saurait porter.

Enfin, ne voyant pas d'issue à la situation, et imbus d'idées superstitieuses, ils décident que le citoyen qui, le lendemain, verra le premier le soleil, sera proclamé roi.

Le lendemain, tous les affranchis, les yeux fixés vers l'orient, attendaient l'apparition de l'astre-dieu, lorsqu'un d'eux, Racus, seul tourné en sens inverse, s'écrie : « Je vois le soleil ! » et il montre en même temps le sommet de la tour la plus élevée de la ville, doré des premiers rayons du jour.

Les Tyriens, convaincus que Racus possédait une science qu'il avait soigneusement cachée jusqu'alors, et que, faute de science même, il avait été inspiré par les dieux, veulent lui décerner la couronne, mais, avant d'accepter, le candidat demande à être entendu. Une estrade est improvisée, il y monte, et, les yeux baissés, en proie à une émotion qu'il peut à peine contenir, il dit : « Je dois à la vérité et à mes concitoyens de déclarer publiquement que l'idée de regarder le sommet de la tour ne m'appartient pas. Hier soir, après notre première réunion, j'ai consulté un homme qui me l'a inspirée.

— Quel est cet homme ? s'écrient des millions de voix.

— Straton le philosophe, Straton, l'ami de ceux qui souffrent, répond Racus.

— Straton était ton maître, tu ne l'as donc pas tué ?

— Vous pouvez me punir d'avoir manqué au serment commun, mais j'ai senti défaillir mon bras à la pensée de le lever sur un homme qui m'avait comblé de bontés, de soins et d'égards, sur un homme qui m'aurait affranchi dès longtemps s'il avait été assez riche pour payer à l'Etat le prix de ma liberté. Je n'étais pas son esclave, j'étais son ami !

— Vive Straton ! répète à grands cris la foule attendrie.

— Racus va chercher son ancien maître au fond de la retraite où il l'avait caché, et l'amène au milieu des nouveaux citoyens.

Le vieillard septuagénaire est proclamé roi à l'unanimité sous le nom de Straton le philosophe.

Il prit aussitôt les rênes du nouvel Etat, roi de nom, et réellement gérant de la société tyrienne.

A quelque temps de là, les vainqueurs conduisaient au temple de Vénus les épouses qu'ils avaient choisies parmi les veuves et les filles des vaincus.

Bientôt, sous les efforts réunis et solidarisés de ses habitants libres, la ville et le territoire de Tyr s'élevèrent à un degré de splendeur et de bien-être inconnus jusqu'alors.

Straton le philosophe, c'est-à-dire l'ami de la sagesse, mourut au milieu d'une génération nouvelle, savante et républicaine, en léguant à ses concitoyens l'avenir le plus prospère.

Mais hélas ! la prospérité tyrienne devait succomber deux cents ans plus tard, sous la barbarie d'un égorgeur de nations.

Alexandre, roi de Macédoine, que la bassesse des flatteurs a couronné du titre de *grand*, voulant éteindre à jamais ce flambeau de civilisation et de liberté, vint assiéger Tyr sur la terre et sur les eaux, sous le menteur prétexte de punir dans la personne de ses habitants l'ancienne révolte des esclaves. Mais les petits-fils des esclaves firent des prodiges de valeur et de dévoûment. Pour les réduire, le buveur de sang couronné, à la tête d'une armée de cinq cent mille hommes, sans cesse décimée par l'indomptable courage des Tyriens, se vit forcé de combler la mer en jetant une digue jusqu'au pied des remparts. Pour la construction de ce travail immense, il dépouilla les montagnes du Liban de leurs cèdres séculaires, et bouleversa au loin le sol pour en arracher les matériaux nécessaires.

La nuit, quand les travaux étaient suspendus, d'intrépides nageurs tyriens plongeaient et allaient sous les flots attacher des câbles aux arbres et aux blocs de pierre amoncelés pendant le jour par les Macédoniens, et les assiégés, au moyen de machines, les arrachaient et les tiraient sur leurs remparts. La fureur d'Alexandre s'agitait impuissante devant de si héroïques efforts, lorsque l'inexorable famine vint en aide à ses desseins. Bien peu de Tyriens, valides encore, défendaient les remparts ; on ne voyait plus dans la ville que des mourants ou des morts. Quelques jours encore, et la faim les livrait sans merci. En ce moment suprême, un sublime désespoir inspire les survivants. Ils réunissent les femmes, les enfants, les vieillards et les blessés, s'enferment avec eux dans les temples et les édifices publics, y amoncèlent des matières inflammables, et meurent volontairement consumés, en appelant sur la tête d'Alexandre l'exécration des hommes et la vengeance des dieux infernaux.

Le prétendu vainqueur ne marcha que sur des cendres brûlantes.

Tandis que ce monarque maudit faisait disparaître de la surface de la terre la libre et grande ville de Tyr, les Égyptiens, réduits en esclavage, bâtissaient, par ses ordres, une ville nouvelle près des bouches du Nil, à laquelle il attachait son nom, *Alexandrie*.

Pour la paix de l'humanité et la vengeance des Tyriens, Alexandre mourut à trente-trois ans. Puisse-t-il n'avoir jamais vécu !

RÉPUBLIQUE ROMAINE.

EXPULSION DES TARQUINS. — JUNIUS BRUTUS, FONDATEUR DE LA RÉPUBLIQUE.

(504 ans avant J.-C.)

Vers le milieu de la côte méridionale de l'Italie, presque en face de l'île de Sardaigne et de l'île de Corse, sur le fleuve du Tibre, à environ cinq lieues de son embouchure dans la Méditerranée, s'élevait, au milieu de sept collines, Rome, la future reine des nations. Mais à voir la corruption et les vices qui la déchiraient, il eût été difficile de prévoir sa grandeur à venir.

Fondée en 747 avant Jésus-Christ, deux cent quarante-deux ans avant l'époque qui nous occupe, Rome naissante, au lieu de proclamer la liberté absolue, se donna un chef sous le nom de roi. Ces maîtres, hypocrites d'abord, ne tardèrent pas à viser effrontément à la tyrannie, et le chemin de la tyrannie est semé de crimes et arrosé de sang humain !

Tarquin II, surnommé *le Superbe*, à cause de son caractère arrogant et cruel, occupait le trône depuis vingt-trois ans, conjointement avec sa femme Tullie : couple de tigres ! Pour envahir plus sûrement le pouvoir, il leur avait fallu réunir leurs abominables natures. Un homme et une femme les séparaient. Tarquin avait d'abord épousé Servilie, sœur de Tullie, et Aruns, frère de Tarquin, avait épousé Tullie. Ainsi les deux petits-fils de l'avant-dernier roi, Tarquin et Aruns, avaient été unis aux deux filles du dernier roi, Servius Tullius.

Tarquin se concerte avec sa belle-sœur, et, dans la même nuit, Aruns et Servilie expirent empoisonnés; quelques jours après, sous les yeux de Tullius et de la reine, sa femme, sous les yeux des Romains, plongés dans cette torpeur que la monarchie étend autour d'elle, les deux fratricides marchaient à l'autel de l'hyménée.

Il s'agit maintenant de franchir les degrés du trône : le couple assassin ne s'arrêtera devant aucun obstacle. Avide du sang de son propre père, Tullie excite Tarquin au meurtre de Tullius. Tarquin préfère les voies de la conspiration; déjà la majorité du sénat est vendue au tyran futur, mais le vieux roi fait appel au peuple, et le peuple, toujours juste, le défend contre l'usurpateur. Son ambition n'en devient que plus effrénée; il se revêt d'une toge de pourpre et parcourt la ville à la suite de quelques séides qui hurlent dans les rues et les carrefours les cris d'un enthousiasme soudoyé. Sous la protection de ces bandits, dont fourmillent toujours les grandes villes, il arrive au sénat, où l'attendent ceux des patriciens qui conspirent avec lui, et, du haut du trône qu'il usurpe, il accuse hautement le roi, son beau-père, de divers attentats. Sa femme, Tullie, se présente aussitôt, et, la première, salue la royauté nouvelle de son complice. Mais Tullius averti accourt en toute hâte; une lutte parricide s'engage entre les deux rivaux, usurpateurs tous deux, car Tullius à dépouillé Rome de sa liberté; seulement il a pour lui la priorité du crime et l'autorité des faits accomplis. Le gendre étreint le beau-père dans ses bras, le porte jusqu'à l'entrée de la salle et le précipite du haut des degrés. Après cet exécrable exploit, Tarquin triomphant reçoit les félicitations des lâches patriciens.

Deux hommes du peuple ou *plébéiens*, que le hasard amène,

relèvent le vieillard grièvement blessé, le soutiennent et se mettent en devoir de le porter jusqu'à son palais. Mais, pour Tullie, qui a suivi des yeux cette horrible scène, le roi son père est encore trop vivant; elle dépêche derrière lui des fils de sénateurs, avides de conquérir à tout prix les faveurs du nouveau maître. De leurs poignards ils frappent le mourant, entre les mains des plébéiens indignés qui le portent. Tullius est abandonné sur la voie publique.

Quelques instants après, Tullie montait en char, et courait au palais pour en chasser sa mère. Tout à coup les chevaux s'arrêtent effrayés; ils reculent même sous le fouet qui les harcelle en vain. Tullie, impatiente, gourmande avec aigreur l'esclave qui les guide.

— Puis-je donc, s'écrie ce dernier, passer sur le corps de votre père? Le roi Tullius est là, sous les pieds des chevaux!

— Eh! qu'importe, puisqu'il est mort! réplique la furie.

Le char passe, et le sang du vieillard écrasé rejaillit jusque sur la robe de sa fille dénaturée.

Le lendemain, la veuve de Tullius, Tarquinie, expirait étranglée dans son lit; son crime était d'avoir rendu pendant la nuit à son époux les derniers devoirs que sa fille lui avait refusés.

Tels furent les préludes d'un règne souillé de rapines et de meurtres.

Teintes du sang de leur père, de leur mère, de leur frère et de leur sœur, les mains de Tarquin et de sa digne compagne se portèrent bientôt sur l'unique parent qui leur restait. Le crime tremble même devant une ombre!

Junius, cousin des Tarquins, vieillard vénérable par sa science et ses vertus, vivait loin du tumulte de la ville, dans une modeste retraite. Veuf depuis plusieurs années, il consacrait sa vie à l'éducation de ses deux fils, l'un âgé de dix-huit ans et l'autre de quinze; il se plaisait à leur enseigner les droits et les devoirs du citoyen; il leur inspirait surtout l'amour de la patrie et de la liberté.

Par un beau soir d'automne, le vieillard entretenait ses deux fils des malheurs de Rome, puis, comme frappé d'un fatal pressentiment, il leur parlait de sa fin prochaine, qu'il aurait appelée de ses vœux si leur amour n'avait été pour lui une suprême consolation. Mais Junius attendri s'arrête en voyant de grosses larmes courir sur les joues des deux jeunes gens. En cet instant, tous trois échangent un regard inquiet; un bruit de pas précipités a frappé leur oreille, et aussitôt deux émissaires du tyran se jettent sur le vieillard et sur l'aîné des enfants. Après une courte lutte, Junius est étranglé, et son fils, malgré sa vigueur, succombe bientôt comme lui, après avoir vaillamment défendu sa vie.

Au moment de l'irruption des sicaires du roi, le plus jeune des enfants, obéissant à un premier sentiment de frayeur naturelle à son âge, avait pris la fuite et s'était blotti derrière une touffe d'arbustes; mais bientôt, ramené par sa tendresse pour son père, il va tomber sans doute aux mains des exécuteurs lorsqu'une idée subite traverse son esprit: le génie de la vengeance l'inspire. Tout à coup, ses traits se dilatent et deviennent hébétés; un rire convulsif, des gestes extravagants, tout en lui semble indiquer la démence ou la stupidité. Courant vers les bourreaux, le jeune homme leur tient un langage sans suite, et les trompe tous deux par une folie habilement simulée.

Saisis d'étonnement et presque de respect (1), les bourreaux s'éloignent et vont recevoir le prix du sang des justes.

A peine se sont-ils éloignés que le jeune Junius tombe à

(1) Chez les anciens, la folie était l'objet d'une sorte de superstition respec-

genoux près des deux cadavres et les couvre de larmes; puis, refoulant au fond de son âme la douleur qui pourrait compromettre ses desseins, il jure à son père et à son frère de vivre pour les venger et délivrer Rome.

Le lendemain, Tarquin faisait semer le bruit que le vieillard Junius et son fils aîné s'étaient donné la mort, et que le second fils était atteint d'aliénation mentale. Trois médecins certifièrent l'exactitude du récit. Le seul témoin qui aurait pu s'inscrire en faux resta muet.

Dès ce jour, le jeune Junius couvrit son visage du masque de la stupidité et de l'abrutissement; il mit ses traits et ses allures en harmonie avec les noires pensées dont son âme était pleine; enfin il trompa si bien les yeux du tyran et ceux de la foule qu'au nom de Junius on ajouta partout le surnom de Brutus (*brute*).

Un an après, pour léguer sa vengeance à quelqu'un de sa race, dans le cas où la mort naturelle ou violente viendrait à le surprendre, il se maria, sans révéler son secret même à sa nouvelle épouse, se résignant à passer pour idiot aux yeux de celle qu'il aimait tendrement, plutôt que de s'exposer à une indiscrétion fatale à la liberté romaine. Bientôt il eut deux fils, qui furent nommés Titus et Tiberinus. Héros du dévouement le plus sublime, il dut, pour le succès de la mission qu'il s'était imposée, abandonner à sa femme le soin exclusif de l'éducation de ses enfants. Combien ne dût-il pas souffrir dans son cœur de père et de citoyen quand il vit se développer les germes de tous les vices dans le caractère de ses enfants?

La soif du meurtre, dans l'âme de Tarquin, n'était pas l'uni-

tueuse; on croyait qu'un dieu du second ordre tenait en son pouvoir la raison d'un aliéné; aussi le mal fait à une personne en démence était-il sévèrement condamné par les lois et les préjugés.

que mobile de son exécrable conduite; il était encore dévore de cupidité et d'envie. Parmi les nombreuses victimes que Rome offrait à sa cruauté, il avait le soin de choisir les citoyens distingués par leur mérite et leurs richesses, double moyen d'anéantir les censeurs de ses crimes et de remplir ses coffres par la confiscation des biens.

Cet or, ramassé dans le sang et dans les larmes des familles, il en faisait le salaire de ses bourreaux et de ses satellites, qu'il choisissait avec soin parmi les bandits étrangers, chargés de crimes et fuyant leur patrie. C'est au milieu d'une telle escorte qu'il se montrait de loin aux Romains; aucun citoyen n'approchait de sa personne, tant le cri de sa conscience lui faisait redouter quelque bras vengeur de l'humanité outragée.

Quand sa barbarie et son avarice eurent frappé les familles riches parmi les nobles et les plébéiens, quand il eut forcé les citoyens les plus distingués à se soustraire par la fuite à ses persécutions, comme le bûcheron qui, après avoir dépouillé la forêt des arbres les plus élevés, est réduit à mettre la cognée au pied des arbres inférieurs, Tarquin frappa indistinctement toutes les classes. Par ses ordres, des bandes stipendiées et toujours impunies parcouraient le jour et la nuit les rues de la ville et jetaient l'effroi parmi les citoyens. La menteuse délation, encouragée par le pouvoir, amoncelait les victimes; l'espionnage se glissait dans le sein des familles; entre les citoyens plus de liens, plus d'épanchements intimes; le fils aurait craint de confier un secret à son père, le frère était muet devant son frère. La vie civile s'éteignait, les relations sociales étaient interrompues; la respiration de la grande cité était gênée, et les cœurs comprimés ne battaient plus que sous la pression de la tyrannie.

Pour occuper les esprits et les empêcher de se livrer à des

réflexions nuisibles au maintien de son infâme pouvoir, le monarque répandait le sang généreux des citoyens dans des guerres longues et ruineuses qu'il provoquait à dessein.

C'est à cet odieux calcul qu'il doit le titre, flétrissant à nos yeux, de *grand politique*, qui lui a été, comme un insigne honneur, décerné par les historiens.

Oh ! inconcevable longanimité des peuples ! la fatale mesure n'était-elle pas dès longtemps remplie, que, pour la faire déborder, il ait fallu le sang pur de la plus chaste des femmes !

Rome gémissait depuis vingt-trois ans sous le joug abhorré de Tarquin, et l'armée assiégeait Ardée, capitale des Rutules, peuple voisin, lorsque les jeunes patriciens du camp, parmi lesquels se trouvait Sextus, l'un des fils du roi, pour charmer les ennuis d'un long siége, se livraient aux plaisirs somptueux des festins. Après une de ces nombreuses orgies, Sextus ordonna aux esclaves de remplir les coupes du vin pétillant de Falerne, et dit en se levant : « A l'heureux convive qui possède la femme la plus vertueuse ! »

Tous, un seul excepté, s'écrient avec un enthousiasme adulateur : « Au prince Sextus, notre roi futur ! »

— Merci pour moi du bon augure, répond le prince avec un visible dépit, merci pour la princesse absente ; mais l'un de nous ne paraît pas partager l'opinion générale.

— Quelle est donc l'audacieux ? répliquent les convives.

— Demandez plutôt à Collatin, — ajoute Sextus en attachant sur lui un regard menaçant, — à Collatin, l'ami unique de Junius l'idiot.

— C'est vrai, répond Collatin avec une modestie peu en rapport avec la turbulence de ses compagnons, j'ai seul gardé le silence ; je dois personnellement m'humilier devant le fils du roi, mais je n'ai pas le droit de mettre en parallèle la vertu de mafemme, même avec celle de la princesse Sextie; quant à Brutus, je m'honore d'avoir inspiré quelqu'amitié u pauvre idiot!

— Eh bien! dit le prince — qui avait reçu le jour même un message par lequel sa femme l'informait que, plongée par son absence dans de mortels ennuis, elle vivait retirée, et livrée à l'étude d'Homère, le poète des héros et des demi-dieux, ce qui lui rappelait sans cesse son époux — puisque Collatin paraît désirer une épreuve, nous nous y soumettrons tous. Nous allons monter à cheval, et nous rendre à Rome. Là, chacun de nous, accompagné par un des convives, se rendra chez sa femme; et la palme de la sagesse sera décernée à celle qui sera trouvée occupée de la façon la plus convenable à son sexe.

La proposition est acceptée d'une voix unanime et à l'instant mise à exécution.

Le lendemain, les jeunes patriciens, de retour au camp, se réunissent dans la tente du prince. Ils décident que chacun, sous la foi de son propre serment et de celui de son témoin, racontera de quelle manière il a trouvé sa femme occupée. Le sort est chargé de désigner les tours de parole. Tous jettent dans un casque l'anneau des fiançailles qu'ils portent au doigt et sur lequel sont écrits les noms des époux. Le plus jeune met la main dans le casque, et le premier nom qui sort est celui de Collatin. Tous, excepté lui, avaient fait des vœux pour que leur nom ne sortît que le dernier. En cela, le sort leur fut propice.

Il raconte qu'il a trouvé sa femme, au milieu de ses suivantes qu'elle encourageait par son exemple, occupée, à la lueur d'une modeste lampe, à filer de la laine pour l'usage de sa maison.

Les auditeurs, heureux d'échapper à la nécessité de récits

pour la plupart peu agréables à leur amour-propre, proposent de s'en tenir là, et la palme est donnée à Lucrèce, épouse de Collatin.

Les uns avaient trouvé leurs femmes au milieu des histrions et des baladins, les autres ne les avaient pas trouvées du tout. Le prince, entre autres, avait vainement fustigé plusieurs esclaves des deux sexes, pour les forcer à lui découvrir la mystérieuse retraite de son infidèle épouse. Elle n'avait paru à ses yeux que plusieurs heures plus tard, pâle et échevelée, affirmant, avec larmes, que le désespoir d'être éloignée de son cher époux lui avait fait oublier au fond de ses jardins l'heure et le froid de la nuit. Le prince avait dévoré son dépit, et le témoin n'avait pas paru convaincu par les allégations de la noble dame.

Sextus, jaloux du bonheur de Collatin, jure de le lui ravir, et ne tarde pas à mettre son infâme projet à exécution. Toutes ses brutales passions sont excitées par la réputation justement acquise à la beauté et aux vertus de Lucrèce. Quand on voulait exalter les qualités physiques et morales d'une dame romaine, on la comparait à Lucrèce.

A quelques jours de là, aux approches de la nuit, Sextus, suivi de quelques satellites vendus, se dirige vers la maison isolée qu'habitait la femme de Collatin, à quelque distance de Rome, et en l'absence de son mari. Feignant une chûte de cheval, il se fait porter par ses gens à la porte de l'habitation, comme s'il avait ignoré le nom des propriétaires, et demande l'hospitalité. Lucrèce, qui la donnait aux esclaves, ne peut la refuser au prince qu'elle croit blessé; il est reçu avec empressement, et tous les soins lui sont prodigués. Vers le milieu de la nuit, quand tout est silence, pendant que ses dignes affidés sont prêts, à la moindre alerte, à assassiner les domestiques, il se glisse, l'épée à la main, vers la chambre à coucher de Lucrèce, et s'y introduit. Une lampe, presque éteinte, ne projette plus qu'une lumière douteuse dans le sanctuaire nuptial. La jeune femme, réveillée au contact d'une main infâme, pousse un cri d'effroi. « Silence ! lui dit d'une voix étouffée le monstre qu'elle reconnaît, ou je te frappe de cette épée, et je mets dans ton lit ensanglanté un esclave aussi assassiné ; puis je me proclame l'auteur du double meurtre, commis pour venger l'honneur de Collatin. Collatin lui-même, ton mari, maudira ta mémoire ! »

L'innocente victime, qui a contemplé Sextus d'un œil hagard, et qui n'a semblé conserver l'usage de ses sens que pour écouter avec horreur ces affreuses paroles, s'affaisse sous un poids de douleur plus fort que sa volonté, et son beau corps prend à la fois l'aspect et le froid du marbre.

Hâtons-nous, par respect pour la chaste victime, et pour empêcher la honte de monter au front de tout homme de cœur, hâtons-nous de tirer un voile épais sur cette couche profanée !

Le lendemain, pendant que le lâche assassin de la vertu d'une femme, de retour au camp, regardait Collatin d'un œil sanglant et moqueur, la chaste victime, revenue d'un long évanouissement, se dresse comme si elle cherchait à secouer un affreux cauchemar, et se demande si elle n'est pas la proie d'une infernale hallucination. Mais, hélas ! l'épouvantable réalité se révèle sous ses souvenirs ; elle se précipite à genoux, et demande pardon aux dieux d'un crime qu'elle n'a pas commis.

Quelques heures plus tard, un message pressant et non signé avait réuni tous les parents de Lucrèce et de son mari dans une maison de modeste apparence, située près du Forum. Cette maison était habitée par la famille de Lucrèce; témoin de la naissance de la jeune femme, elle devait être, ce jour-là même, témoin de sa mort prématurée. Elle n'avait plus à cette époque qu'un seul habitant, c'était un vieillard vivant dans la solitude la plus complète; ce vieillard, déjà penché vers la tombe, était Lucretius, le père de Lucrèce. Il a vu avec surprise l'arrivée successive et précipitée de tous les membres de sa famille. Collatin lui-même, en compagnie de Brutus, était accouru. Tous interrogeaient vainement Lucretius, lorsqu'une femme, enveloppée dans sa longue robe de laine blanche, comme dans un linceul, paraît au milieu d'eux. Son front a la pâleur du trépas, ses yeux sont rougis par de récentes et abondantes larmes, sa bouche se crispe sous les atteintes d'une fièvre glaciale.

Tous, surtout Lucretius et Collatin, s'empressent autour de la jeune femme dont l'aspect les frappe de stupeur. Un homme seul reste impassible. Il a été rencontré à travers champs par Collatin revenant du camp d'Ardée et amené par lui. Il est appuyé contre la muraille dans un des angles de la salle. Sa taille est élevée, mais semble se courber sous le poids d'une tête large et déjà chauve, ses cheveux sont rares et presque rasés, sa barbe est inculte, ses yeux se voilent sous une paupière pendante; une longue toge noire, souillée de poussière, enveloppe ses épaules et descend jusqu'à ses pieds. Tout en lui a l'apparence du néant qui se meut sans l'âme qui vivifie; cependant sa main droite se crispe sans cesse, s'agite comme par un mouvement convulsif, et semble chercher à saisir une arme.

Quel contraste entre ces deux êtres! l'un, l'extrême de la sensibilité, l'autre, l'extrême de l'indifférence. Cependant, tous deux, sans que personne puisse le deviner, se touchent par un point commun. Tous deux vont bientôt servir d'instrument à la liberté, l'un passif, l'autre actif! Etrange combinaison du sort!

La femme, c'est Lucrèce! Lucrèce, sainte victime d'un fils de tyran!

L'homme, c'est Junius Brutus! Junius l'idiot!

Lucrèce, après un long regard de douleur attaché sur son mari, son père et ses parents, fait un suprême effort et leur raconte avec une noble émotion l'horrible attentat qui l'a souillée, puis, sans donner à Collatin ni à son père le temps de ramener le calme dans son âme en délire, elle tire un poignard caché sous sa robe, se perce le cœur et tombe dans les bras de son mari, qu'elle inonde de son chaste sang.

Pendant le récit de la noble femme, si tous les yeux n'avaient pas été attachés sur son visage, les assistants auraient été frappés de la métamorphose subite qui s'opérait dans Brutus. Comme le cadavre inanimé qui secoue par degrés les chaînes de la mort sous l'influence du galvanisme, cet homme semblait reprendre un sens, une faculté sous chaque parole de Lucrèce. Les rides précoces de son front se sont effacées, son œil brille d'un vif éclat, sa taille est grandie; il est devenu le Messie de la liberté! Il s'élance, perce le cercle pressé des parents en pleurs, et s'écrie: « Séchons des larmes inutiles; ce noble sang crie vengeance, vengeons-le! La colère des dieux est trop lente, que la foudre populaire écrase les tyrans, et que sur les débris de leur puissance abhorrée s'élève la République! »

Il arrache du sein de Lucrèce le poignard dont elle s'est frappée, fait sur cette arme sanglante le serment solennel de mourir pour la liberté, et le présente à Collatin, qui fait trève à son désespoir pour imiter le serment de Brutus. Tous les assistants, frappés du changement, surnaturel à leurs yeux, qui vient de s'opérer dans cet homme, que jusqu'alors ils avaient cru idiot,

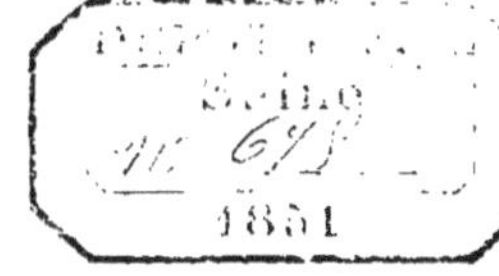

jurent comme lui de venger l'outrage fait à la vertu de Lucrèce et la liberté des citoyens foulée aux pieds.

Quelques instants plus tard, les habitants couraient effarés dans les rues, les travaux et les affaires étaient suspendus, les voix étaient muettes, mais les esprits bouillonnaient. Sur la place publique, la foule se pressait autour d'un cadavre, c'était celui de Lucrèce apporté par Brutus.

Deux tables sont dressées; sur l'une, chargée de lauriers et de fleurs, est déposée l'héroïne de la foi conjugale; sur l'autre, apparaît Brutus; il fait un signe, et le silence le plus profond s'établit; puis d'une voix tonnante : « Citoyens, la vertueuse et belle épouse de Collatin a été indignement violée par Sextus, le fils aîné du tyran, et, pour ne pas survivre à un si infâme attentat, la noble femme s'est poignardée, voici l'arme dont elle s'est frappée! Jusqu'à présent, en me voyant passer dans vos rues, vous disiez avec compassion : Voilà l'idiot! voilà le fou! voilà Brutus, le fils et le frère des Junius assassinés! Eh bien, détrompez-vous: je n'ai jamais été ni idiot, ni fou! c'était une cuirasse et un masque! Aujourd'hui la mesure des crimes déborde; arrière masque et cuirasse! Depuis vingt-trois ans, Rome gémit sous un joug abhorré; que l'explosion de la vengeance soit aussi prompte que la souffrance a été longue! Courons au Capitole et aux portes de la ville; que les remparts se couvrent de citoyens, et jurons tous sur le cadavre de Lucrèce de vivre ou de mourir libres! »

A ces derniers mots, un immense cri frappe les airs, un peuple tout entier fait serment de briser ses fers.

Les citoyens, au comble de l'enthousiasme, se précipitent pour toucher le poignard de Lucrèce, et admirer Brutus, qui produit sur la foule l'effet d'un envoyé des dieux.

Par un hasard fatal au repos futur des citoyens, Tarquin,

Tullie et ses trois fils se trouvaient alors au camp devant Ardée.

Dans Rome, qui comptait à cette époque plus de trois cent mille habitants, pas une voix ne s'élève, pas un bras ne s'arme en faveur des Tarquins; mais il est à redouter que l'armée, entraînée par la discipline, ne marche contre les citoyens et n'allume la guerre civile.

Dans cette prévision, Brutus, improvisé général du peuple, donne des ordres qui sont ponctuellement exécutés, et des émissaires, dévoués à la liberté, se rendent à l'armée. Le Capitole est fortement occupé, les remparts sont hérissés de piques et de javelots, et les portes sont défendues par des hommes d'une valeur éprouvée.

Bientôt, aussi loin que la vue peut s'étendre sur la route d'Ardée, on découvre une immense masse qui semble se mouvoir et se rapprocher de la ville. Les sentinelles du Capitole signalent l'armée. Brutus, à cheval, accompagné de Collatin et du vieillard Lucretius, et précédé du cadavre de Lucrèce porté sur un brancard par douze citoyens, parcourt les remparts de Rome et sème partout le courage et l'enthousiasme.

Pendant que la ville retentit des cris de liberté, l'armée, forte de trente mille soldats à pied et de six mille cavaliers, s'est approchée à portée du trait. Les boucliers, les flèches, les lances et les javelots étincellent sous un soleil ardent à travers la poussière. Un silence religieux, comme celui qui précède les grandes calamités, régnait au Capitole et sur les remparts; les citoyens attendaient avec inquiétude, bien résolus à ne pas commencer la lutte. Une seule flèche, lancée par un seul soldat, pouvait amener entre concitoyens une horrible bataille. Cette triste pensée remplissait l'âme de Brutus, attentif aux mouvements de l'armée, quand tout à coup les armes s'abaissent, et de cette formidable colonne, comme de la bouche d'un seul homme, s'élève ce cri unanime : **Plus de tyrans ! liberté ! liberté !**

Dès citoyens se répandent dans la ville et annoncent que les soldats, d'accord avec leurs frères de Rome, ont repoussé avec horreur la proposition d'allumer la guerre civile, et que les tyrans ont fui devant la pointe des épées et des dagues de l'armée.

Les portes de la ville sont ouvertes, guerriers et citoyens confondent leurs rangs; l'immense Forum devient trop étroit pour l'immensité du peuple qui s'y précipite, des flots humains inondent les toits des maisons qui entourent la place publique.

Brutus, élevé sur une estrade, propose les décrets, et les citoyens les sanctionnent par leurs acclamations.

La monarchie infâme est abolie à jamais.

Peine de mort contre celui qui tentera, par un moyen quelconque, de la rétablir.

Acclamation de la République et de la souveraineté du peuple.

L'avénement de la liberté romaine fut salué par la foule, sur le sol et sur les toits.

Le même jour, Brutus et Collatin furent nommés consuls pour un an, et le sénat fut conservé après épuration.

La liberté était fondée, mais elle était loin encore d'être à l'abri de tout péril. Pour la consolider, il faut le courage, le dévoûment et le sang des citoyens.

En effet, les prétendants, fléau plus redoutable que la peste et la famine, les prétendants, source incessante de guerres étrangères et de complots intérieurs, menacèrent bientôt la République naissante. Le vieux Tarquin, âgé de soixante-treize ans, encore plus chargé de crimes que d'années, suivi de l'atroce Tullie et de ses quatre fils perdus de débauches, était allé mendier des secours auprès des rois voisins.

Tous les biens usurpés par cette détestable famille, à force de meurtres et de rapines, avaient été confisqués; des édifices utiles s'élevèrent sur les ruines de ses palais, repaires de crimes et d'orgies, et les terres des jardins luxueux devaient être réparties entre les citoyens pauvres; mais les citoyens pauvres refusèrent un pareil présent et les propriétés retournèrent aux héritiers de ceux que les Tarquins avaient autrefois dépouillés. Exemple mémorable de désintéressement et de justice! Un seul champ fut réservé et consacré à Mars, le dieu de la guerre; sous le nom de Champ-de-Mars, il devint le lieu destiné aux exercices gymnastiques des jeunes Romains; les arbres qui l'entouraient et les moissons dont il était couvert furent coupés et jetés dans le Tibre comme indignes de servir à l'usage de citoyens libres.

Pendant que les pauvres témoignaient ainsi de leur profonde aversion pour la tyrannie et tout ce qu'elle avait flétri de son contact impur, les nobles, ennemis des mœurs républicaines en désaccord complet avec les désordres qu'autorisait et encourageait la monarchie, se livraient déjà à de sourdes menées, et entretenaient des relations avec les prétendants, méditant ainsi de rouvrir aux Tarquins le chemin du trône.

Sur le versant oriental du mont Aventin, une des sept collines que Rome renferme dans son enceinte, se cachait une délicieuse maison de campagne qui, pendant le jour, disparaissait presque aux yeux des passants sous l'épais feuillage des citronniers et des orangers. La nuit était profonde; à travers des nuages, noirs comme des crêpes funèbres, glissaient de temps en temps de sanglants éclairs.

Dans une salle vaste et richement ornée, autour d'une table

chargée des débris d'un repas somptueux, cinquante jeunes hommes, tous de familles patriciennes, remplissent à l'envi leurs coupes du plus généreux vin, non pour se livrer, comme toujours, à une honteuse débauche, mais pour exciter leur courage énervé par le vice et par l'oisiveté.

Un seul esclave, jeune encore, prisonnier de guerre contraint de servir ses vainqueurs, avait été amené par l'un d'eux avec intention.

Le but unique de cette réunion inusitée de jeunes hommes seulement était un complot contre la République.

Les républicains, en plein jour, à la face du soleil, au milieu du Forum, sur le cadavre sanglant de la chaste Lucrèce, avaient fait serment de renverser la monarchie. Les royalistes, sous la protection des ténèbres, jurent aussi de renverser la République, et pour donner à leur serment un horrible trait de ressemblance avec celui des républicains, ils se jettent sur le jeune esclave sans défense ; un coup de poignard lui cloue dans la gorge le fatal secret ; il est étendu sur la table du festin, éventré tout vivant comme un animal destiné aux sacrifices ; ses entrailles palpitantes sont arrachées et déposées sur un plat d'argent ; chacun des convives remplit sa coupe du sang de l'esclave, et la vide à long traits en étendant la main sur la victime, et jurant de rétablir la monarchie sur les ruines de la République.

En ce moment, des coups violents ébranlent la porte principale, une pâleur livide s'étend sur ces fronts plissés avant l'âge ; leur langue, si déliée naguère, est paralysée par la peur, et leurs pieds tremblants se refusent à seconder la seule pensée qui remplisse leur esprit, la pensée de la fuite !

Valerius, sénateur dévoué aux intérêts du peuple, prévenu par un esclave qui avait épié les démarches des royalistes, s'était empressé de réunir autour de lui quelques citoyens ; car, à cette époque, la police, ostensible ou mystérieuse, était inconnue, chaque citoyen était magistrat pour l'exécution des lois.

Après avoir fait cerner la maison, précaution absolument surabondante, vu la frayeur des royaux conjurés, Valerius passe sur les débris des portes que personne n'avait eu le courage d'ouvrir, et se présente dans la salle du festin. Les citoyens qui l'accompagnent sont saisis d'horreur à la vue de l'atroce banquet ; quelques-uns, emportés par une excusable indignation, lèvent leurs armes sur la tête des cruels convives ; « Arrêtez, s'écrie Valerius, ces hommes appartiennent à la justice du peuple. » Les citoyens, rappelés à leur devoir par ces seules paroles, garrottent les mains blanches des conjurés, et les conduisent à la prison publique, en les entourant des égards qui sont dus à tous les hommes, même les plus coupables. Le lendemain, au milieu du Forum, le peuple, chargé non de rendre la justice, mais de surveiller l'exécution de la loi, se presse autour d'une estrade sur laquelle siégent les deux consuls Brutus et Collatin.

Les conjurés, la tête baissée, l'œil abattu, sont amenés au pied du tribunal ; leurs sanglots et leurs larmes contrastent singulièrement avec leur jactance et leur forfanterie de la veille ! pourtant, plusieurs n'ont pas perdu toute espérance.

Le cœur des deux consuls se brise en apercevant parmi les coupables, l'un, Collatin, trois de ses neveux, l'autre, Brutus, deux de ses neveux et ses deux fils Titus et Tiberinus.

Brutus est pâle de douleur et d'indignation ; Collatin verse des larmes.

Le peuple, obéissant à ses instincts généreux, s'écrie : « Bannissez-les ! bannissez-les ! — Non, réplique sévèrement Brutus, non, il faut que justice se fasse ! il faut que la loi que tu as faite, toi, peuple, soit exécutée! que dirais-tu demain au plus ignorant des citoyens qui aurait commis le même crime, si aujourd'hui tu épargnais ceux que la fortune a comblés de tous les bienfaits de l'instruction ? Si la loi admettait des catégories, ce sont ces derniers qui devraient être frappés plus sévèrement ; mais la loi est précise, justice égale pour tous! »

La correspondance qui établissait les relations des royalistes avec l'étranger avait été saisie par Valerius chez les ambassadeurs du roi d'Etrurie, et, placée sous les yeux du peuple, cette preuve était accablante. Quant à l'exécrable égorgement de l'esclave, le flagrant délit était constaté.

L'interrogatoire commence : les accusés, écrasés sous le poids de l'évidence, ne répondent à toutes les questions que par des pleurs et des sanglots. Le culte de la liberté et l'amour de ses semblables peuvent seuls inspirer à l'homme l'héroïsme du courage à l'aspect des dangers et de la mort !

Sourd à la voix de la nature et aux pusillanimes prières de son collègue Collatin, inspiré par le sentiment sublime et surhumain de tout sacrifier à la liberté et au bien-être du peuple, Brutus, debout, grave et sans émotion apparente, au milieu d'un silence religieux, prononce contre les coupables la flagellation et la mort.

Impassible comme la statue de la justice qui se dresse au milieu du Forum, la foule écoute sans murmure et sans approbation la terrible mais juste sentence.

On n'entend plus que les coups répétés des verges qui retentissent, aux mains des licteurs (1), sur les épaules des condamnés ; puis succèdent bientôt cinquante coups plus terribles, ce sont les coups des haches qui tranchent cinquante têtes.

(1) Les licteurs, au nombre de vingt-quatre, étaient les exécuteurs de la justice, et armés de faisceaux ils marchaient devant les consuls.

Comme pour jeter un voile sur la déplorable nécessité de punir de grands criminels, le peuple, toujours clément, décréta une amnistie pleine et entière en faveur des citoyens qui, par un égarement coupable ou un dévoûment mal entendu, avaient trempé dans la conspiration ou accompagné la famille du tyran dans sa fuite. Le bannissement des prétendants fut maintenu.

Cette mesure était avec raison jugée indispensable au salut de tous. En effet, quel que soit le masque démocratique dont ils couvrent leur visage, et le prisme apparent dont les entourent certains intrigants qui cherchent un escabeau pour jucher leurs propres ambitions, les princes dépossédés, infatués de prétendus droits héréditaires, qui ont toujours eu l'usurpation pour base, ne voient dans les citoyens d'une république que des sujets rebelles, et sont dans le sein d'un état populaire ce que seraient à bord d'un riche vaisseau des bandits et des corsaires introduits parmi l'équipage avec la criminelle intention de pousser le navire aux écueils et d'en piller les débris.

La République naissante avait besoin, pour faire face aux dangers qui la menaçaient, de trouver dans ses consuls non-seulement le dévoûment le plus absolu, mais encore l'énergie la plus prononcée. Collatin, dans le jugement des nobles royalistes, avait montré une indigne faiblesse en cherchant à pallier leur crime et à en retarder la punition; il avait aussi voulu livrer l'esclave révélateur à ses maîtres, patriciens irrités qui, pour venger le supplice de leurs jeunes parents ou alliés, l'auraient infailliblement fait périr sous le bâton. Le peuple destitua Collatin et accorda à l'esclave une récompense inestimable : il fut affranchi et proclamé citoyen !

Valerius, qui avait livré les conspirateurs à la justice du peuple, et pris sous sa protection l'esclave révélateur, fut nom-

Les royalistes conjurés.

Paris. Typ. Dondey-Dupré, r. St-Louis, 46.

mé consul en remplacement de Collatin, et devint le collègue de l'incorruptible Brutus.

Comme ces météores brillants que la main de l'être suprême allume dans les airs et éteint presque aussitôt, les fondateurs de la liberté, à peine leur œuvre créée, disparaissent de la face du monde.

Brutus se livrait avec ardeur à la régénération de sa patrie, lorsque les Véïens, peuple voisin, à l'instigation des prétendants, qui les flattaient de l'espoir d'un riche et facile pillage, marchent contre Rome.

A cette nouvelle, les Romains courent aux armes et forment leurs redoutables légions. Le temple de Janus est ouvert suivant l'usage et de nombreux sacrifices sont offerts à Mars, le dieu de la guerre. Les soldats citoyens se réunissent sur le Forum et défilent, précédés de Brutus et de Valerius, sous les acclamations de leurs pères, de leurs femmes et de leurs enfants, au cri électrique de « Vive la liberté ! »

Après quelques marches forcées, les Romains sont bientôt en présence de l'ennemi.

A la tête de l'armée des Véïens, comme des brandons maudits de discorde civile, les émigrés et les traîtres, deux espèces d'hommes également parricides, se montrent avec orgueil. Aruns, second fils du tyran détrôné, bouillant et ambitieux jeune homme, les précède monté sur un cheval ardent. Apercevant Brutus, le héros de la liberté, qui s'avance fièrement à la tête de l'armée républicaine, il court à lui et le provoque à un combat singulier. Brutus, aussi intrépide guerrier que dévoué aux intérêts du peuple, et heureux de l'espoir d'éviter l'effusion du sang de ses concitoyens, accepte le défi. Bientôt un terrible combat s'engage entre le champion de la tyrannie et le champion de la République. Après de violents coups d'épée vigoureusement assénés de part et d'autre, le Tarquin est désarmé de son bouclier et le casque du consul roule dans la poussière. Un instant après, Aruns est traversé par l'épée de Brutus, et Brutus a le crâne entrouvert sous un coup terrible du Tarquin expirant.

La vue du cadavre de Brutus allume la vengeance au cœur des Romains ; ils ébranlent leurs terribles cohortes, et se précipitent contre les rangs profonds de l'armée ennemie. Après une lutte corps à corps, longue et acharnée, les bras ne peuvent plus soutenir les armes ; les guerriers encore debout ont les pieds baignés de sang, et se heurtent aux monceaux de morts et de mourants. Les Véïens, moins acharnés à combattre pour le vol et le pillage, que les Romains à défendre leurs foyers et leur liberté, abandonnent ce champ de carnage, et les républicains restent vainqueurs. Près de vingt-trois mille cadavres de part et d'autre furent comptés et brûlés. — Premier bienfait des prétendants !

Cette sanglante victoire n'est que le glorieux prélude des hauts faits qui doivent immortaliser la République romaine.

Suivons d'abord du regard ce char magnifique traîné par quatre chevaux, au milieu d'un peuple immense ; c'est le char des triomphateurs qui montent au Capitole ! Le front ceint d'une couronne de laurier, Valerius est debout sur le char, et ses mains soutiennent l'urne qui renferme les cendres de l'immortel Brutus.

Le triomphe, l'honneur le plus insigne décerné, depuis ce jour, aux citoyens victorieux, fut créé dans le but de rendre hommage à la mémoire de Brutus. Pour la première fois aussi, une oraison funèbre fut prononcée sur sa cendre. Les Romains, reconnaissants, élevèrent une statue au fondateur de la République, et, pour honorer le vengeur de leur sexe, les citoyennes de Rome portèrent, pendant un an, le deuil du grand Brutus.

Fidèle aux inspirations de l'illustre défunt, le consul Valerius s'applique à féconder dans les cœurs la semence de la liberté, et à développer dans les institutions les principes démocratiques. Attentif à donner en tout l'exemple, il fit raser, dans une seule nuit, une maison qu'il possédait sur le sommet du mont Aventin, et qui portait justement ombrage aux citoyens ; il fit enlever des faisceaux consulaires les haches, symbole des cruautés monarchiques, et ordonna aux licteurs de les incliner devant les citoyens assemblés, voulant ainsi rendre hommage à la souveraineté du peuple.

Nous avons vu avec horreur les crimes qui ont souillé l'état monarchique ; nous avons vu avec dégoût la corruption suinter par tous les pores de la société sous le sceptre du dernier roi, reposons un instant nos yeux sur l'admirable spectacle de dévoûment, de courage et de grandeur d'âme que, sous l'inspiration de la liberté, Rome affranchie présente à l'admiration des siècles futurs.

Bientôt, sous le soleil de la liberté et le régime de la souveraineté nationale, vont se développer les germes féconds de toutes les vertus civiques et guerrières.

Les Tarquins, comme les prétendants de toutes les époques, pourvoyeurs infatigables de fléaux et de malheurs pour leur patrie, ont déjà appelé l'étranger pour les aider à replacer le joug sur la tête des citoyens. Déjà les Véiens ont payé, par une défaite sanglante, le honteux appui qu'ils ont follement prêté à la tyrannie; mais les prétendants sont loin de se rebuter, et les séduisantes promesses qu'ils ne cessent de prodiguer aux rois voisins ne tardent pas à susciter de nouvelles guerres contre Rome.

Porsenna, roi des Clusiens, peuple de la Toscane, s'avance à la tête d'une nombreuse armée; les trois fils de Tarquin qui ont survécu à Aruns, leur frère, font cortège à l'envahisseur.

Les légions romaines, commandées par Valerius, franchissent le pont du Tibre, et marchent résolument à l'ennemi. Le choc est terrible ; les Clusiens trouvent, contre l'ardeur des républicains, un point d'appui formidable dans un monticule qu'ils ont fortement retranché derrière eux ; des rochers protègent leur droite, et leur gauche s'appuie sur un marais. Après plusieurs attaques vaillantes, mais toujours repoussées, les Romains lâchent pied et se retirent en désordre. Encouragé par ce premier succès, l'ennemi les poursuit vivement vers la ville; il va franchir le Tibre à la suite des fuyards, lorsqu'un seul homme se dresse à la tête du pont et barre le passage aux Clusiens. Il engage avec les premiers rangs ennemis une lutte mille fois inégale ; son bouclier est criblé de javelots, son sang ruisselle de vingt blessures ; bientôt cent cadavres forment devant lui une barrière humaine; mais, pendant ce combat héroïque, un craquement épouvantable se fait entendre : les eaux du Tibre s'effondrent sous la masse du pont coupé par les Romains : l'armée et la ville sont sauvées ! Alors, le guerrier intrépide se précipite dans le fleuve et rejoint ses compagnons d'armes à la nage.

Comme un géant courroucé qui enveloppe de ses bras impuissants le tronc d'un chêne séculaire, l'immense armée de Porsenna se répand autour de Rome et en étreint les remparts. La République est saisie à la gorge par la main de fer de la tyrannie. Les prétendants se préparent à remonter au trône sur des monceaux de cadavres, et à se baigner dans la vengeance. Mais Rome a organisé la plus formidable défense : des machines de guerre hérissent l'enceinte fortifiée, les pierriers du Capitole vomissent au loin la mort; les places publiques, transformées en immenses fonderies, sont devenues des fournaises où pétillent le fer et l'acier; jour et nuit, les marteaux retentissent sur les enclumes; bientôt la République a mis des armes aux mains de ses trois cent mille citoyens.

Cependant un affreux auxiliaire va seconder les efforts de l'ennemi, c'est la famine au front livide, aux membres décharnés, qui déjà parcourt les rues en soufflant le désespoir et les mauvais conseils. Ses ravages sont d'autant plus prompts et horribles que les habitants, loin de prévoir un revers, avaient négligé les approvisionnements. Derrière la famine se traînent les maladies et la mort; elles frappent sans distinction et sans merci. Les funèbres bulletins transmis par des royalistes restés dans la ville, et généreusement épargnés par le peuple, vont réjouir les Tarquins qui, dans le délire de leur joie infernale, offrent aux chefs ennemis des festins somptueux.

Persuadé que les Romains seront heureux de préférer le fléau de la monarchie au fléau de la famine, le roi des Clusiens se décide à faire des propositions aux assiégés.

Un héraut d'armes, précédé de trompettes, se présente en vue des sentinelles; il est introduit dans l'enceinte de la ville; il annonce que le roi Porsenna, son maître, est prêt à lever le siége de Rome à la condition que la ville ouvrira ses portes aux Tarquins et les rétablira sur le trône.

A cette proposition trois cent mille voix répondent sans hésiter : « Plutôt mille fois mourir de faim que de jamais subir l'esclavage et l'oppression !

— Allez, dit au héraut d'armes le consul Valerius, allez annoncer à votre maître ce que vous avez vu de vos yeux et entendu de vos oreilles. »

Porsenna, obéissant aux perfides suggestions des prétendants et blessé de la mâle réponse des Romains, resserre le siége et menace de tenter l'escalade. Les préparatifs étaient pressés avec ardeur, lorsqu'un jeune homme, plein du dévoûment qu'inspire l'amour de la liberté, sort de Rome, se couvre des habits d'un soldat clusien qu'il a tué, et se dirige vers le camp ennemi. Il arrive à la tente royale à l'instant où Porsenna était entouré de généraux plus richement vêtus que lui-même. Le Romain, toujours protégé par son déguisement, s'approche sans obstacle, dégaîne un poignard et frappe d'une main sûre l'officier dont l'armure brillante a le plus attiré ses regards.

Les gardes se saisissent du jeune homme, qui, heureux du résultat qu'il espère pour sa patrie, n'oppose aucune résistance.

— Qui es-tu? lui dit le roi, qui l'a fait amener devant lui.

— Je suis citoyen romain.

— Quelle pensée a armé ton bras?

— Celle de délivrer ma patrie du tyran qui l'assiégeait.

— Eh bien! apprends ton erreur, celui que tu as frappé n'était pas le roi; c'est moi qui suis Porsenna.

— Malheur sur ma tête! s'écrie le jeune homme au désespoir; maudit soit ce bras mal inspiré!

A ces mots, il plonge sa main droite dans un brasier ardent, qui brûlait sur un trépied préparé pour un sacrifice aux dieux.

Porsenna, ses courtisans et ses gardes sont muets d'admiration devant un pareil spectacle.

— En voyant cette main desséchée, ajoute le Romain, qui montre au roi son bras brûlé jusqu'aux os, garde-toi de penser que tu échapperas à la juste colère des Romains. Trois cents de mes concitoyens ont juré comme moi la mort de Porsenna.

Frappé d'un pareil héroïsme et effrayé de la révélation qu'il vient d'entendre, Porsenna fait grâce au jeune homme, le charge de proposer la paix, et lui donne pour rentrer dans Rome une escorte d'honneur.

Mucius Cordus, c'est le nom du jeune héros, fut surnommé Scævola (*le gaucher*), à cause du sacrifice de sa main droite, et comblé de la reconnaissance de ses concitoyens.

Voilà les hauts faits et les actes éclatants de dévoûment et d'intrépidité que le culte de la liberté est seul capable d'inspirer aux citoyens et aux nations!

A quelques jours de là, après la conclusion d'une paix honorable, Porsenna, devenu l'admirateur de la République romaine, s'éloignait à la tête de son armée; Rome se livrait à la joie, et les prétendants, race incorrigible, allaient fomenter sans espoir de nouveaux complots, et souffler encore contre leur patrie le feu de la guerre étrangère.

LES PERSES ET LES GRECS.

CONQUÊTES ET RÉVOLUTIONS DES PERSES.—DARIUS ET XERCÈS.
— LUTTES HÉROIQUES DE LA GRÈCE CONTRE LES
INVASIONS DES PERSES.

536 ans avant J.-C.

Après s'être manifestée avec vigueur sur des théâtres étroits d'abord, comme nous l'avons vu par la fondation de la République d'Athènes, la révolte des Juifs, le dévoûment des Carthaginois, l'insurrection des esclaves de Tyr et le renversement des rois à Rome, la démocratie, forte de l'intrépidité qu'elle seule inspire à l'homme, et, se bornant au droit de légitime défense, va bientôt livrer des batailles gigantesques aux oppresseurs couronnés, sur la terre et sur les eaux. Soulevées à la voix de leurs despotes comme les flots de l'Océan sous le souffle de la tempête, les innombrables armées des Perses vont inonder les petites républiques de la Grèce.

A cette époque, sous la domination de Cyrus, l'empire des

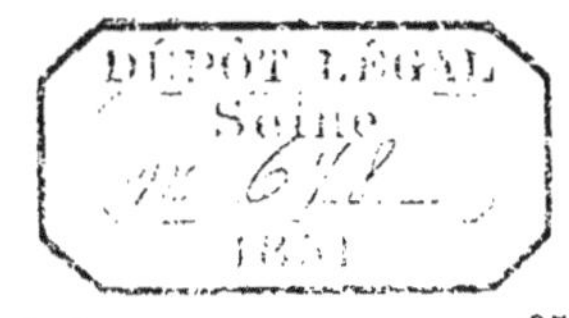

Perses avait, torrent dévastateur, submergé, par la conquête et l'asservissement, presque toute l'Asie et une partie de l'Afrique, le royaume de Babylone, le royaume des Mèdes, le royaume des Parthes, l'Arabie et l'Egypte, et s'étendait, géant aux bras sanglants, depuis l'Inde à l'orient jusqu'au Nil à l'occident, au midi depuis la mer des Indes jusqu'à la mer Caspienne au nord.

Suse, près de l'extrémité septentrionale du golfe Persique, était la capitale de ce vaste empire.

Toutes ces conquêtes n'avaient eu pour but que l'agrandissement d'un roi au détriment d'un autre ; voleurs et assassins dépouillant d'autres assassins et d'autres voleurs ! horrible jeu de dévastation et de brigandage engagé sur le dos des nations trop ignorantes pour s'affranchir, et ne sachant que mordre un frein odieux sans oser le briser !

Pour bien faire comprendre la nature des deux puissances qui vont entrer en lutte, la tyrannie d'une part, la démocratie de l'autre, il est important d'exposer rapidement par des faits les bases de l'empire des Perses et les éléments constitutifs des divers états de la Grèce.

(528 ans avant J.-C.)

Cyrus, roi de Perse, meurt après avoir fait égorger des millions d'hommes et partage les peuples asservis, comme de vils troupeaux, entre ses deux fils Cambyse et Smerdis.

Avide de nouvelles conquêtes, Cambyse se rue sur l'Ethiopie comme sur une proie facile, mais un auxiliaire invincible, le désert, vient au secours des Africains ; les malheureux soldats de l'ambitieux despote sont réduits à se manger entre eux ! Une autre armée, envoyée pour piller le temple de *Jupiter Ammon*, se noie dans les sables et disparaît jusqu'au dernier homme !

Vaincu par le désert, le monstre couronné reporte sa soif de domination sur la part de royaumes et de sujets dévolue à son frère Smerdis. La guerre présente plus de dangers que l'assassinat, aussi s'arrête-t-il à ce dernier moyen! mais trop lâche pour frapper lui-même son frère, il achète au prix de l'or et des honneurs le poignard et le bras de Prexaspe, son principal favori. L'assassin accomplit dans l'ombre son horrible tâche, et Cambyse étend son odieuse puissance du Nil à la mer Caspienne.

A quelque temps de là, l'amour, ce besoin impérieux qui étouffe même l'appétit sanguinaire du tigre, pénètre dans le cœur de Cambyse; l'objet de sa flamme incestueuse et *non autorisée* par les lois de la Perse, est Méroë, sa sœur. Il consulte les mages, et ces ministres de la religion répondent que la volonté du souverain est une loi suprême devant laquelle tout doit plier. — Cambyse épouse sa sœur. — Une année était à peine écoulée, Méroë, sur le point de mettre au monde le fruit d'un amour violemment imposé, donne un regret à la mémoire de son frère Smerdis, et l'infâme Cambyse, son frère et son époux, pour la punir d'un souvenir honorable, la tue d'un coup de pied dans le ventre. Trois fois assassin par un seul crime!

Par une juste fatalité, si elle n'avait frappé un enfant innocent, Prexaspe, son favori, le bourreau de Smerdis, ne tarda pas à recevoir le châtiment de son horrible service.

Cambyse était ivrogne, autre vertu royale! Dans un de ces moments d'exaltation fébrile produite par les liqueurs spiritueuses, il ordonne à Prexaspe de lui dire ce que ses sujets pensent de leur maître. Après s'être fait l'écho menteur des prétendues louanges que les Perses ne cessaient de prodiguer à leur bien aimé monarque, le favori malavisé se hasarde à dire que quelques-uns cependant étaient assez audacieux pour blâmer dans le grand Cambyse l'abus des liqueurs fortes.

A ces mots, le royal ivrogne se livre à de nouvelles et abondantes libations, et pour prouver que l'ivresse ne l'empêche pas d'être un habile archer, il fait placer à certaine distance le fils de Prexaspe, enfant de quinze ans, s'arme de son arc, décoche le trait, et l'innocente victime tombe baignée dans son sang. Puis, le scélérat fait ouvrir le cadavre palpitant encore, arrache le cœur de l'enfant, et montre du doigt au père, mille fois lâche, qu'il a été traversé par la flèche royale.

Par un heureux hasard, si la race des rois avait dû s'éteindre avec Cambyse, après avoir fait enterrer tout vivants des seigneurs de sa cour, après n'avoir pas laissé passer un seul jour sans prendre des bains de sang humain, il ne tarda pas à rentrer aux enfers qui l'avaient vomi.

Comme si les princes n'étaient pas destinés à subir, aussi bien que les autres hommes, la loi commune de la mort, l'esprit des peuples asservis est toujours disposé à croire à leur trépas supposé ou à leur résurrection ; pendant que Cambyse était en Égypte, un faux Smerdis, frère du chef des mages, mage lui-même, parut en Perse, excita une révolte à Suse et se fit proclamer roi. Le tyran arma contre lui, se blessa par mégarde de sa propre épée en montant à cheval, et expira après sept ans de règne. Honte aux hommes assez dégradés pour se courber si longtemps sous un sceptre abominable !

Le tyran avait, sans s'en douter, cruellement marqué l'usurpateur du trône ; pour quelques paroles indiscrètes, Smerdis le mage avait eu les deux oreilles coupées. Une des nombreuses veuves de Cambyse, que le prêtre usurpateur avait toutes épousées, profita de son sommeil pour s'assurer de la mutilation, et des seigneurs, au nombre de sept, se mirent à la tête d'une conspiration ayant pour but de détrôner l'imposteur.

Prexaspe, l'assassin du vrai Smerdis, et, par conséquent, le témoin le plus important, avait été gagné par l'or et les promesses de l'usurpateur et de son frère Pasisithe, le chef des mages; une partie du trésor public avait été employée à cet indigne usage.

Cependant, le peuple, excité par les conjurés, s'émeut, se répand dans les rues de la capitale, bat de ses flots tumultueux les murailles du palais, et témoigne son incrédulité par des cris menaçants; pour le satisfaire, le mage épouvanté fait annoncer que Prexaspe paraîtra devant le peuple et fera une déclaration solennelle. En effet, le favori assassin monte sur une plate-forme voisine du palais, et là, excité sans doute par le remords, sentiment toujours louable, il s'écrie : « Peuple, tes soupçons sont fondés; forcé par Cambyse, j'ai assassiné le vrai Smerdis : le mage est un usurpateur. » A ces mots, pour échapper à la vengeance de l'usurpateur et de ses complices, pour se punir peut-être lui-même de son horrible action, il se précipite, et son corps vient se briser aux pieds de la foule irritée.

A l'instant, le peuple indigné envahit le palais, inonde les rues et les maisons. Le faux Smerdis, son frère, le chef ambitieux des mages, tous les mages, les courtisans, les gardes, sont égorgés sans merci. Suse, l'immense capitale, bouillonne de colère et ruisselle de sang; le bras tout puissant du peuple a anéanti la tyrannie, mais qui fondera l'ordre dans ce chaos de corruption monarchique? L'idée créatrice manque complètement à cette foule indécise.

Cependant, la démocratie s'est dès longtemps développée

dans l'esprit d'un homme recommandable, elle brille en lui comme un phare isolé au milieu d'une nuit profonde.

Dès que la tempête populaire a cessé de gronder, les seigneurs conjurés s'assemblent pour prendre une résolution. Otanes, l'un d'eux, se lève le premier, et après avoir présenté, dans un discours vigoureux, le hideux tableau des crimes de la monarchie et rappelé les droits imprescriptibles de l'homme, il propose d'abolir la royauté et de remettre la puissance entre les mains du peuple, le seul souverain légitime. Sa voix reste sans écho, et les seigneurs décident non-seulement que la monarchie sera maintenue, mais encore que le nouveau roi sera choisi parmi eux. Otanes, certain de rester sans appui et voyant avec désespoir la résolution de ses adversaires, alla sur les frontières d'Afrique chercher, avec toute sa famille, un asile contre la haine des grands et la corruption des cours.

De même qu'un ruisseau limpide coule à travers un lac fangeux sans y mêler ses eaux, ainsi les descendants d'Otanes se distinguèrent pendant plusieurs siècles à travers la honteuse monarchie des Perses par la pureté de leurs mœurs et l'éclat de leurs vertus.

Débarrassés d'un concurrent et d'un censeur importun, les six ambitieux vont agir sans contrainte. Après des essais toujours sans résultat, ils décident que le soleil, qui était aux yeux des Perses le symbole, l'image la plus apparente d'un dieu unique, sera l'arbitre de la question. Ils se rendront le lendemain, à cheval, vers un lieu désigné, et celui dont le coursier hennira le premier au lever du soleil sera proclamé roi.

Darius, l'un des six seigneurs, peu confiant dans les caprices du sort, envoya, la veille, son écuyer attacher secrètement une cavale près de l'endroit indiqué; son cheval y fut conduit pendant la nuit et ramené à Suse. Le lendemain, quand les six seigneurs arrivèrent ensemble au rendez-vous, le cheval de Darius hennit le premier avec transport à l'approche de sa compagne.

Ainsi Darius devint le roi, le maître, le souverain absolu de plus de cinquante millions d'hommes, et cela par la grâce de son cheval; les flatteurs n'ont pas manqué de dire que c'était par la grâce des dieux !

(521 ans avant J.-C.)

Le monarque improvisé fut, parmi les rois, ce que serait un loup parmi les tigres; il se contenta de faire mettre à mort un de ses cinq concurrents, Intapherne et tous les mâles de sa famille, et cela parce que ce seigneur n'avait pas humilié son front assez bas en sa présence. Les Babyloniens avaient commis le crime, irrémissible aux yeux des souverains, de vouloir secouer un joug imposé par la force brutale; il en fit empaler trois mille. Après avoir porté le fléau de la guerre en Scythie et dans l'Inde, il résolut de détruire les petites républiques de la Grèce, dont la liberté portait ombrage à son despotisme.

Dès longtemps la Grèce était divisée en plusieurs états, dont la démocratie était la base. A côté de nombreuses républiques se trouvaient, il est vrai, quelques gouvernements monarchiques, mais les rois n'y étaient, pour la plupart, que de simples chefs dont l'autorité était tempérée par les droits du peuple. Au premier rang des villes républicaines s'élevaient Athènes et Sparte, voisines et souvent rivales, mais toujours disposées, ainsi que les autres états, à s'unir contre les ennemis des libertés de la Grèce.

Trente ans auparavant, Athènes avait perdu sa liberté sous Pisistrate; ce citoyen, abusant de l'influence qu'une apparente affabilité lui donnait sur le peuple, s'était emparé du souverain pouvoir. Ses deux fils Hipparque et Hippias lui avaient succédé conjointement; mais les Athéniens se révoltèrent bientôt pour reconquérir leur indépendance. Hipparque fut tué dans une insurrection; Hippias, pour le venger, se livra à des cruautés sans exemple, et ne tarda pas à voir son trône glisser dans le sang; chargé de l'exécration publique, il n'échappa que par une fuite précipitée à la justice de la République triomphante, et ne rougit pas, après avoir été épargné par la clémence du peuple, d'aller mendier la protection du roi de Perse, le plus redoutable ennemi de la Grèce.

L'ambition de Darius, excitée par Hippias, ne tarde pas à éclater; il envoie une armée innombrable, qui débarque en Thrace, province de la Grèce, sur les rives du Bosphore.

Jamais, jusqu'à cette époque, la démocratie n'avait présenté un aussi admirable spectacle. Tous les Grecs, chefs et citoyens, pleins des grandes pensées qu'enfante l'amour de la liberté, rivalisaient d'enthousiasme et de dévoûment pour la cause populaire. Aristogote, roi de Naxe, une des îles de la Grèce, renonça spontanément au trône et revêtit l'armure du guerrier; tous les autres souverains imitèrent son exemple; partout le peuple reprit possession de ses droits. Les Grecs, fiers de porter en chacun d'eux une part de la souveraineté nationale, allaient lutter contre les mercenaires d'un despote, un homme libre contre vingt esclaves!

L'armée grecque se précipite sur les masses persanes en poussant des cris de liberté et en fait une horrible boucherie. En même temps, les tempêtes, d'accord avec l'épée des Grecs, brisaient et dispersaient au loin la flotte du roi de Perse.

A dater de ce jour, chaque fois que Darius allait se mettre à table, un officier, d'après son ordre, s'avançait et prononçait ces mots : « *O roi, souviens-toi des Athéniens !* »

Le despote, en effet, ne perdit pas la mémoire ; à quelque temps de là, une armée perse, composée des troupes d'élite de tout l'empire, commandée par les deux meilleurs généraux, forte de cent dix mille hommes, débarque sur les côtes de l'Attique, dans l'intention de surprendre les Athéniens avant qu'ils aient pu recevoir des secours : jusque là, le projet réussit.

Hippias, le prétendant, dirige l'ennemi au cœur de sa patrie ; déjà il donne carrière à ses pensées de sang et de vengeance ; dix lieues seulement le séparent encore d'Athènes, lorsque dix mille Athéniens se présentent devant le front de l'armée ennemie, près du village de Marathon ; Miltiade, leur chef intrépide, attaque sans hésiter, culbute sous son choc impétueux des phalanges entières, fait un carnage horrible de tous ceux qui osent résister, et balaie le reste dans la mer. Les barques qui avaient apporté les Perses se remplissent de fuyards ; un Athénien, dans le délire de son patriotisme, se précipite dans les flots, saisit une des barques ennemies de sa main droite, qui est abattue d'un coup de hache ; à l'instant il ressaisit la barque de sa main gauche, qu'un second coup tranche de même : éperdu, fou de désespoir, il tâche de s'accrocher avec les dents, la hache lui brise la tête, et le héros disparaît sous les vagues. Ce républicain immortel, c'est *Cynégyre* l'Athénien !

Cette immense et première victoire de la liberté, connue sous le nom de bataille de Marathon, enflamma tous les Grecs d'une ardeur invincible. Parmi les nombreux bagages tombés au pouvoir des vainqueurs, les républicains trouvèrent les marbres apportés par les Perses pour immortaliser la victoire future de Darius, et les chaînes destinées aux Athéniens : folie de l'orgueil et de la cruauté !

Athènes, reconnaissante, consacra une partie des marbres pris aux Perses à élever aux citoyens vainqueurs une colonne sur laquelle fut écrit le nom de Miltiade, unique et digne récompense décernée au général républicain !

Dans cette bataille, Aristide, surnommé *le juste*, céda le commandement au jeune Miltiade, et combattit comme simple soldat.

A la nouvelle de la défaite de Marathon, Darius exaspéré jura d'exterminer les Grecs et de ne pas laisser pierre sur pierre dans ce pays de l'héroïsme et de la liberté : il réunit des armées telles que l'Asie n'en avait pas vu de semblables depuis les temps fabuleux de Ninus et de Sémiramis ; il amoncela des provisions qui auraient suffi à nourrir des peuples entiers ; il équipa des flottes dont les mâts et les agrès ressemblaient à des forêts flottantes. Trois ans avaient à peine suffi à ces gigantesques préparatifs ; il se disposait à prendre le commandement en chef de ses innombrables cohortes, lorsque la mort vint souffler sur ce colosse aux pieds d'argile.

(481 ans avant J.-C.)

Xercès, loin de renoncer aux projets destructeurs de Darius, son père, emploie toute sa puissance à en augmenter les moyens formidables. Il ordonne le dénombrement de ses soldats et de ses vaisseaux : les vaisseaux de guerre sont au nombre de *treize cents*, ceux de transport au nombre de *trois mille*. L'armée, en y comprenant les eunuques, les femmes, les vivandiers et les valets, s'élève à plus de cinq millions d'âmes, dont deux millions six cent quarante mille combattants. Précédé du char d'or du soleil, traîné par six chevaux blancs, et suivi des chariots magnifiques qui portent ses femmes et leurs valets mutilés, Xercès pousse devant lui, sous le fouet et sous la lance, ces immenses troupeaux humains ; il traverse l'Asie Mineure, pendant que ses flottes se dirigent vers les îles de la Grèce. — Arrivé à l'Hellespont, détroit large d'environ deux lieues, qui sépare l'Asie de l'Europe et fait communiquer la mer Égée avec la Propontide, il dédaigne d'employer ses vaisseaux pour le transport de son armée, et fait construire d'un bord à l'autre un immense pont de bateaux. Une tempête, le souffle de l'Être suprême, vient briser son fragile ouvrage, et dans son aveugle courroux il ordonne la décapitation immédiate de tous ceux qui ont concouru à l'établissement du pont ; il fait flageller sous ses yeux les vagues insolentes qui ont osé contrarier ses royales volontés, et pousse la folie de l'orgueil jusqu'à jeter des chaînes dans les flots, comme pour les rendre esclaves de ses caprices. — Après des efforts inouïs et des pertes énormes en hommes et en agrès, le pont est reconstruit et livre passage à des nuées de barbares (1), qui inondent les côtes de l'Europe. Presque toute la Grèce est submergée comme les moissons sous les eaux d'un torrent débordé ; au milieu du désastre général, Athènes et Sparte seules, renforcées des contingents des autres peuples, sont debout et résolues à périr les armes à la main.

Une chaîne de montagnes, qui s'appuie à la mer Égée au midi, et se développe vers le nord, forme un long et impénétrable rideau qui couvre la Thessalie, la Béotie et l'Attique.

Un défilé, à peine large de vingt-cinq pieds, et défendu par les rochers du mont OEta, entre la côte et la base méridionale

(1) Les Grecs appelaient barbares les peuples non policés et encore soumis au joug des despotes.

des montagnes, peut seul donner passage à une armée: c'est le défilé des Thermopyles. Léonidas, chef de Sparte, s'y est fortement retranché à la tête de trois cents citoyens, qui tous ont juré par la liberté de leur patrie d'opposer à l'ennemi une résistance désespérée.

Xercès, qui a compris l'importance de ce poste formidable, réunit l'élite de ses troupes, au nombre de plus de cent cinquante mille hommes et marche vers le défilé; mais, malgré son orgueil, présumant bien toute la difficulté d'un tel passage, il veut d'abord mettre en œuvre un moyen familier aux rois, la corruption. Il fait offrir à Léonidas or et pierreries; il promet de l'attacher à sa personne et de le combler d'honneurs capables de rendre jaloux tous les grands seigneurs de la Perse. A l'or, aux pierreries, aux honneurs, Léonidas préfère la gloire de mourir pour la liberté! — Voyant ses offres dédaignées, Xercès a recours à un autre expédient royal, l'intimidation!

Les sentinelles spartiates signalent un envoyé du roi des Perses: c'est un général, tout couvert des plus riches diamants; l'aigrette de son casque d'or scintille aux mouvements de sa tête, la garde de son cimeterre projette d'éblouissants reflets; un collier resplendissant court autour de son cou et descend sur sa poitrine; c'est la chaîne de l'esclavage des cours! Quel contraste avec l'armure toute de fer brut du héros spartiate devant lequel il est amené.

— Je viens, au nom du roi des rois, dit l'officier perse avec jactance, te demander *la terre et l'eau* (1).

— Va dire à Xercès qu'il vienne les prendre lui-même, répond Léonidas avec fermeté, je l'attends!

(1) Formule menaçante, en usage à cette époque, pour demander soumission complète.

— Ignores-tu donc, reprend l'envoyé, que si chacun des guerriers que mon maître, le protégé du ciel, amène contre toi, lançait une seule flèche vers la nue, le soleil serait voilé?

— Tant mieux! réplique Léonidas avec ironie, nous combattrons à l'ombre.

— Eh bien, le grand roi des Perses, justement irrité de ton aveugle résistance, anéantira ta prétendue liberté et rayera la Grèce de la face du monde.

— Les tyrans passent comme tous les fléaux de la terre, s'écrie Léonidas, et la liberté est immortelle!

A ces mots, l'ambassadeur va rendre compte à son maître du résultat de sa mission.

Le lendemain, dès l'aube du jour, des phalanges nombreuses étaient poussées par Xercès irrité contre les intrépides défenseurs des Thermopyles; des corps entiers de Perses étaient écrasés sous les rochers que la main des Spartiates détachait des montagnes; les flèches et les javelots s'entremêlaient avec fracas, le bruit des armes se confondait avec les cris des blessés et des mourants. Le soleil allait disparaître à l'horizon et quelques Grecs, tout couverts de sang, combattaient encore un contre mille, lorsque le dernier Spartiate succombe en mêlant au râle de la mort un dernier soupir à la liberté.

Le vainqueur passe sur des monceaux de cadavres, et son cheval effrayé piaffe dans le sang humain. Voilà les hauts faits des conquérants!

L'armée perse, réduite d'un tiers, se répand sur le versant occidental des montagnes et fait irruption dans la Béotie et dans l'Attique.

Bientôt Xercès, après avoir fait autour de lui un désert immense par l'incendie et la dévastation, se présente sous les murs d'Athènes et menace de l'épée la cité républicaine; mais il s'arrête étonné devant les remparts silencieux; Athènes, en effet, est muette et ressemble à un immense tombeau vide. Les citoyens, obéissant à l'oracle d'Apollon, qui avait annoncé que les Athéniens seraient sauvés par des remparts de bois, avaient envoyé chez les peuples voisins leurs femmes, leurs enfants et leurs infirmes; quant aux valides, jeunes gens, hommes faits et vieillards, tous, sous la conduite de Thémistocle, l'ami du peuple, s'étaient jetés dans leurs vaisseaux; les guerriers de Sparte et des autres républiques s'étaient joints à eux. Eurybiade, amiral spartiate, fut nommé généralissime de la flotte combinée, et vogua fièrement vers l'ennemi.

Le roi des Perses, trompé dans sa sanguinaire attente, promène, non la mort, il n'y avait pas de victimes à immoler, mai la dévastation et l'incendie dans la magnifique cité. Par un juste coup du sort, pendant que le monarque insolent écrasait Athènes sous son pied destructeur, exhalant son impuissante colère sur des débris insensibles, son immense flotte de treize cents vaisseaux de combat et trois mille bâtiments de transport était presque anéantie par trente mille républicains montés sur de faibles galères, mais pleins de cet enthousiasme qui grandit l'homme et assure la victoire. Salamine, une des îles de la mer Egée, qui baigne les côtes orientales de la Grèce, fut témoin de cette incroyable bataille et lui donna son nom. — Quelques jours plus tard, les vaisseaux perses qui avaient échappé au désastre de Salamine étaient anéantis dans une seconde bataille navale, près du promontoire de Mycale. Le succès des républicains sur les eaux, sous la conduite d'Eurybiade le Spartiate, fut couronné par une mémorable victoire sur la terre ferme, remportée à Platée, en Béotie, par Pausanias de Sparte et Aristide l'Athénien; sur trois cent mille Perses, plus de deux cent cinquante mille succombèrent sous le fer vengeur des Grecs.

Xercès, croyant le pont de bateaux du détroit brisé par les vainqueurs, abandonna les débris de son armée, et s'estima trop heureux de cacher sa honte au fond d'une barque, sur laquelle il regagna, pendant la nuit, les côtes de son empire, où il ne tarda pas à trouver le juste châtiment de ses crimes sous le poignard d'un de ses généraux.

Les Grecs, fiers à juste titre d'avoir sauvé leur indépendance, rentrèrent dans leurs foyers dévastés. Mais bientôt Athènes secoua son linceul de pierre, sortit de ses ruines et se releva majestueuse et libre.

Au milieu du défilé des Thermopyles, la Grèce reconnaissante éleva à Léonidas et à ses illustres compagnons un tombeau d'un style simple et sévère, sur lequel l'œil du voyageur lisait avec recueillement cette inscription : « Passant, va dire à notre patrie que nous sommes tous morts à cette place pour obéir à ses justes lois et sauver sa liberté. »

OPPRESSION DU PEUPLE ROMAIN.

RÉVOLTE DU MONT SACRÉ. — LA LOI AGRAIRE. — LES DÉCEMVIRS. — SICINIUS DENTATUS. — MEURTRE DE VIRGINIE.

(492 ans avant J.-C.)

La République, fondée à Rome depuis douze ans, n'était encore que dans l'enfance. La forme républicaine avait, il est vrai, succédé à la forme monarchique, mais tous les vices, tous les abus, tous les priviléges inhérents à la monarchie, avaient survécu au principe qui les avait produits; ainsi les mauvaises herbes, dont les racines n'ont pas été extirpées, reparaissent après que le champ a été labouré et ensemencé, et finissent bientôt par étouffer complètement le bon grain.

A Rome, les citoyens étaient partagés en deux classes parfaitement distinctes: les *patriciens* et les *plébéiens*, c'est-à-dire les grands et les petits, les nobles et les roturiers, les riches et les pauvres, les gentilshommes et les vilains, les privilégiés et les déshérités, les oisifs et les travailleurs, les maîtres et les subordonnés, les consommateurs sans produire et les producteurs sans consommer. Les patriciens accaparaient la fortune et les honneurs, les plébéiens accaparaient la misère et les fatigues de la guerre. Les patriciens composaient exclusivement et par droit de naissance le sénat, c'est-à-dire l'assemblée dirigeante; les deux consuls annuels étaient pris parmi les patriciens; les plébéiens avaient le droit de voter pour eux, et le devoir de leur obéir pendant la paix et pendant la guerre.

Entre ces deux classes complètement séparées de vues et d'intérêts, entre ces deux ordres bien tranchés existaient les chevaliers, espèce de gens d'armes, portant au doigt un anneau d'or qui les faisait reconnaître, et armés de la dague, du javelot, du casque et du bouclier, tandis que les plébéiens déposaient leur armure dans l'arsenal public au retour de la guerre, et cela, *sous peine de mort*. Les chevaliers étaient placés entre les nobles et le peuple, assez près des premiers pour entendre leurs ordres, et assez peu éloignés du second pour le frapper quand il osait se plaindre.

Les sénateurs étaient le forgeron, les chevaliers le marteau, et le peuple l'enclume.

Au dessous de ces trois ordres végétait une autre espèce d'hommes, qui n'avaient pas même le droit de vivre sans la permission du maître : c'était celle des esclaves. Nous aurons bientôt occasion d'en parler avec quelques détails.

Dans une nation où la partie la plus nombreuse des citoyens est condamnée par la nature même des bases de la société à dépendre de l'autre partie, quand l'existence matérielle du plus grand nombre est subordonnée à la volonté du plus petit, il doit y avoir, fatalement et de nécessité absolue, frottement d'abord, ensuite temps d'arrêt, puis rupture dans les rouages de l'ordre social.

Tous ces symptômes, précurseurs des révolutions, se manifestaient à Rome. Les nobles étaient usuriers, et les pauvres chargés de dettes. Cette condition désastreuse était le résultat

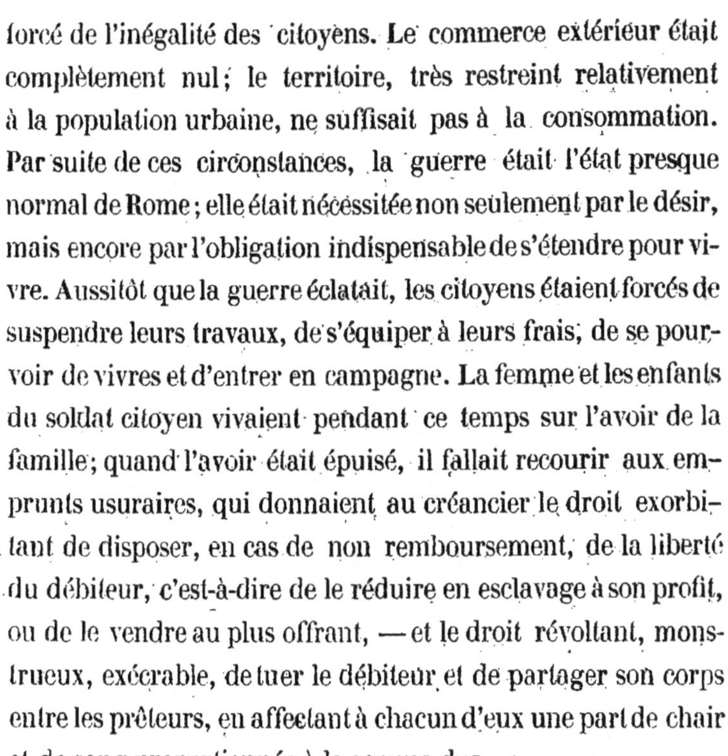

forcé de l'inégalité des citoyens. Le commerce extérieur était complètement nul; le territoire, très restreint relativement à la population urbaine, ne suffisait pas à la consommation. Par suite de ces circonstances, la guerre était l'état presque normal de Rome; elle était nécessitée non seulement par le désir, mais encore par l'obligation indispensable de s'étendre pour vivre. Aussitôt que la guerre éclatait, les citoyens étaient forcés de suspendre leurs travaux, de s'équiper à leurs frais, de se pourvoir de vivres et d'entrer en campagne. La femme et les enfants du soldat citoyen vivaient pendant ce temps sur l'avoir de la famille; quand l'avoir était épuisé, il fallait recourir aux emprunts usuraires, qui donnaient au créancier le droit exorbitant de disposer, en cas de non remboursement, de la liberté du débiteur, c'est-à-dire de le réduire en esclavage à son profit, ou de le vendre au plus offrant, — et le droit révoltant, monstrueux, exécrable, de tuer le débiteur et de partager son corps entre les prêteurs, en affectant à chacun d'eux une part de chair et de sang proportionnée à la somme due.

La plume se refuse à rappeler de pareilles lois, et l'esprit ne s'y arrête qu'avec horreur, mais jusqu'à cette époque les lois avaient toujours été faites par un petit nombre, toujours à l'avantage de ce petit nombre.

Quand la guerre n'était pas avantageuse aux Romains, l'ennemi pillait la campagne, brûlait les habitations, ravageait les champs; la détresse augmentait dans la ville, la famine ne se faisait pas attendre, le capital triplait son usure, et la ruine du peuple était imminente.

Quand la guerre était couronnée de succès, les vaincus étaient dépouillés : les généraux et les officiers, tous patriciens, s'adjugeaient la part du lion; les soldats citoyens ramassaient quelques bribes, et la plus grande partie du butin était versée dans le trésor bien improprement appelé *public*, attendu qu'il était employé à payer les charges, et que les charges ne pouvaient être occupées que par les patriciens.

La détresse du peuple était extrême, la rapacité des riches s'irritait de l'impuissance des débiteurs ; les patriciens affectaient un insolent orgueil, qui blessait les familles plébéïennes encore aisées, l'exaspération était à son comble, et, ce qu'il y a de plus déplorable pour une nation, le patriotisme s'éteignait sous la misère.

Le mécontentement enfanta des complots en faveur des prétendants ; les esclaves, toujours avides, et à bon droit, de se décharger de leurs chaînes, quelle que soit la main qui les brise, conspirèrent avec les royalistes et les nobles désireux d'abriter leurs priviléges et leur fortune sous l'épée bien tranchante d'un tyran quelconque.

Mais la trame liberticide fut dévoilée, et, pour éviter de la part du peuple un mouvement contraire, le sénat fit convoquer tous les conjurés sur la place publique; les chevaliers les cernèrent et en firent un horrible massacre : moyen indigne d'éviter les recherches de la justice et d'étouffer des révélations compromettantes.

Vaincus à l'intérieur, les prétendants entretenaient sans relâche la guerre étrangère. Les légions en campagne, décimées par de nombreux combats, avaient besoin d'être recrutées, mais les citoyens refusaient de s'enrôler; pour les décider, le sénat promit de suspendre toute action pour dettes pendan la durée de la guerre; l'expédient resta sans succès, et les citoyens peu confiants dans les promesses, les discours et les programmes des nobles et du gouvernement, persistèrent dans leur résolution ; ils étaient même sur le point de se révolter, lorsque les sénateurs proposèrent l'abolition de tous les pouvoirs existants et la création de la dictature, pouvoir unique et sans appel pendant un temps déterminé.

Comme le malade qui espère trouver du soulagement dans une position nouvelle, comme le naufragé qui confie à la frêle embarcation sa dernière espérance, le peuple acclama dictateur Titus Lartius, marcha sous sa conduite contre les Latins alliés des prétendants, et obtint de glorieux succès.

Après avoir conclu une trève d'un an, avantageuse à sa patrie, Titus Lartius donna une admirable preuve de civisme et de désintéressement en se démettant de sa redoutable magistrature avant le terme fixé. Des consuls furent nommés, et les promesses des patriciens s'évanouirent avec la peur qui les avaient inspirées.

Mais bientôt les Tarquins vont tenter un suprême effort; plusieurs peuples ligués soutiennent leurs prétentions, Rome est en danger. Un nouveau dictateur est nommé. Toujours prodigue de promesses, et se flattant toujours d'en éluder l'exécution, le sénat s'engage formellement à améliorer le sort des débiteurs après la guerre; le peuple, admirable de patience, de dévoûment et de longanimité, court aux armes, résolu à donner son sang en échange de quelques écus, qu'il a été forcé d'emprunter pour ses besoins impérieux.

L'armée des Latins et les prétendants, suivis de leurs incorrigibles séïdes, campent sur les bords du lac Régille. Enflammés du désir de conquérir doublement la liberté en se débarrassant des tyrans de la monarchie et des tyrans de l'usure, les légions romaines abordent l'ennemi avec impétuosité; la lutte est sanglante et acharnée, mais les cohortes latines, décousues et brisées, se retirent en désordre et laissent la plaine jonchée de cadavres. Le soir, après une poursuite à outrance, les Romains trouvèrent parmi les morts les trois derniers fils de Tarquin le Superbe. Le vieux roi s'enfuit seul en Campanie, et ne tarda pas à descendre au tombeau, à l'âge de quatre-vingt-dix ans. Ainsi s'éteignit cette race maudite, ainsi finit la guerre des prétendants, qui coûta pendant vingt ans à la République, forcée de se défendre, et aux peuples assez stupides pour obéir aux calculs de leurs oppresseurs, plus d'hommes qu'il n'en aurait fallu pour peupler vingt villes et défricher cent lieues de terres incultes.

Une nouvelle guerre était décrétée contre les Volsques : le sénat, dans le but d'étouffer les justes réclamations du peuple, pressait l'entrée en campagne; les consuls appelaient sous les étendards les citoyens réunis sur le Forum ; mais des murmures menaçants se faisaient entendre; le peuple, sans cesse abusé par les patriciens, manifestait hautement son mécontentement, quelques-uns même exprimaient avec véhémence les sentiments de tous :

— Que l'ennemi vienne camper dans Rome, disait l'un, qu'avons-nous à redouter de sa présence? nos corps mêmes ne nous appartiennent pas, ils sont à nos nobles créanciers

— Quoi! s'écriait un autre citoyen, nous irions encore verser notre sang et présenter nos poitrines au fer de l'étranger, pour abriter le luxe et les jouissances des riches; qu'ils arment leurs mains oisives et qu'ils aillent repousser l'invasion! l'invasion n'est redoutable que pour eux!

— Les patriciens, disait un troisième, sont les éponges insatiables qui boivent nos sueurs et notre sang; tous les fruits de nos victoires sont pour leurs mains avides! nous n'avons fait jusqu'alors que servir de canal à la spoliation Que les peuples voisins viennent reprendre les biens don nous les avons dépouillés au profit de nos maîtres! Nous ne pouvons que gagner à l'invasion, nous pauvres plébéïens.

L'étranger détruira les prisons que nos prétendus compatriotes ont bâties pour nous ! L'étranger brisera les chaînes que les patriciens forgent pour nous garrotter !

Déjà la colère de la foule s'échauffait à ces brûlantes paroles lorsqu'un vieillard, pâle, échevelé, les habits en désordre, la tête nue, regardant avec terreur derrière lui comme un homme poursuivi, s'élance au milieu du Forum et s'écrie :

— Citoyens, mes aïeux et mon père étaient libres, je suis né libre comme eux ; j'ai servi ma patrie toutes les fois qu'elle a eu un ennemi à combattre ; j'ai assisté à vingt batailles. Quelques-uns parmi vous doivent me reconnaître, qu'ils le disent !

— Oui, oui, répondent cent voix avec conviction, Memmius est un brave et digne citoyen.

— Eh bien, continue le vieillard, pendant la guerre des Sabins, mon champ est resté sans culture, les soldats ennemis ont pillé ma maison, et ne m'ont laissé que ses cendres. Après la campagne, j'ai emprunté pour vivre et pour payer l'impôt; les intérêts ont rapidement doublé le principal, enfin je n'ai pu rembourser qu'une partie de la somme, mon créancier impitoyable m'a fait arrêter et traîner dans sa maison. Là, sans égard pour mon âge et mes blessures, j'ai subi un infâme supplice, j'ai été flagellé, et je serais mort sous le bâton si je n'étais parvenu à m'échapper des mains de mon bourreau.

En même temps, il découvre ses épaules meurtries et ensanglantées.

A cette vue, des cris d'indignation font retentir le Forum; le consul Servilius, ami et aimé du peuple, quoique patricien, accourt, réveille dans ces cœurs purs et faciles à émouvoir l'amour de la patrie et le culte de l'honneur. A sa voix, les citoyens s'enrôlent, il les conduit à l'ennemi et revient couvert de lauriers.

Pour punir le consul d'avoir abandonné aux soldats le butin qu'ils avaient conquis, le sénat lui refusa les honneurs du triomphe qu'il avait mérités; mais le peuple reconnaissant rendit justice au consul, et malgré le sénat le fit monter au Capitole.

Après plusieurs autres guerres toujours heureuses, et autant de promesses toujours violées par le sénat, les citoyens, justement indignés de supercheries sans cesse renaissantes, refusèrent encore de marcher contre les Sabins. Aussitôt, pour conjurer l'orage, les patriciens nomment un dictateur; ce fut Manius Valerius, vieillard plein de vertus et frère de Publicola. Manius suspendit toutes poursuites et tout emprisonnement pour dettes pendant la durée de sa dictature. Alors, entrevoyant un rayon d'espoir, et d'ailleurs plein de vénération pour le nouveau dictateur, le peuple consentit à combattre et remporta une victoire complète.

De retour à Rome, Manius aurait volontiers renoncé aux honneurs du triomphe en échange de quelques concessions favorables aux citoyens écrasés par l'usure, mais les sénateurs restèrent insensibles à ses prières, et lui firent même de sanglants outrages. Plus affligé de leurs refus cupides que révolté de leurs injures, le vieillard quitte la salle du sénat, convoque le peuple au Forum, et s'y rend revêtu des insignes de sa dignité; là, il expose l'inutilité de ses efforts, se démet de la dictature, et rejetant les marques de la puissance, il s'écrie :

« Je ne suis plus comme vous qu'un simple citoyen; Romains, le sénat me condamne, mais j'en appelle au peuple, au foyer de toute justice; ai-je donc trahi sa cause ou méconnu ses droits? Entre moi et ceux qui m'accusent, que le peuple prononce : quel que soit son arrêt, même un arrêt de mort, je le subirai sans me plaindre! »

Toujours bon juge en matière de conscience, le peuple entoura le vieillard de félicitations et le reconduisit en triomphe jusqu'à sa maison, comme s'il avait réussi dans sa généreuse entreprise.

(487 ans avant J.-C.)

Plus arrogants et plus aveugles chaque jour, les patriciens creusaient sans relâche l'abîme de l'iniquité : exactions, fraudes légales, rigueurs arbitraires, tout était mis en œuvre dans l'intérêt de leur impitoyable tyrannie; cependant les plus habiles du sénat, pressentant une crise imminente, et pour éloigner de Rome un plus grand nombre de citoyens, font décréter la guerre contre deux peuples différents, les Sabins et les Eques, la guerre, moyen ordinaire de détourner les yeux des citoyens de la misère du foyer domestique!

Quoique une irritation profonde couvât depuis longtemps dans les rangs populaires, cette fois encore les Romains obéissent; mais une pensée commune anime leurs esprits, l'espoir d'une prochaine délivrance.

Nous avons dit plus haut qu'en temps de paix les armes étaient sévèrement interdites à la classe plébéienne; or aujourd'hui, pour envoyer ce peuple contre les Sabins et les Eques, il faut bien qu'on arme son bras. Étendards, glaives et boucliers sortent des arsenaux et des temples, les légions se forment et l'armée se sépare en deux corps, dont chacun se dirige vers un point différent.

A quelques jours de là, une nouvelle accablante vient tout à coup terrifier les sénateurs. Pour le peuple, cette nouvelle n'est point une surprise, c'est un dénoûment convenu : les deux armées ont chassé ou délaissé leurs chefs, presque tous complices de l'oppression, et, s'unissant pour en secouer le joug, elles sont venues camper à une lieue de Rome, sur une montagne qui dès lors reçut le nom de *Mont Sacré*. A leur tête, les soldats ont placé deux plébéiens résolus : Bellutus est le premier, le second est Lucius Junius, jeune homme issu de la famille du fondateur de la République, et portant comme lui le glorieux surnom de *Brutus*.

Sourd aux exhortations du sénat, qui cherche en vain à le retenir, le peuple se précipite en foule hors des murs de Rome et rejoint ses frères insurgés.

Cependant les patriciens délibèrent. Parmi les plus jeunes d'entre eux, quelques hommes aux passions ardentes voudraient réduire par les armes et châtier durement la vile multitude; mais les vieillards, mieux inspirés par l'expérience, démontrent que, dans l'intérêt de la noblesse, il vaut mieux recourir à la conciliation.

Une députation, composée des sénateurs les plus respectés, arrive au Mont Sacré; les paroles mielleuses, les promesses séduisantes sont en vain prodiguées; le peuple, respectueux mais digne et fort de son droit, ne se contente plus de promesses; aujourd'hui il fait ses conditions, il exige la création de magistrats tirés de son sein, nommés par lui et spécialement chargés de veiller à ses intérêts.

Dans l'impuissance de résister, le sénat consentit, malgré sa répugnance, à donner cette garantie aux citoyens, mais il fit tous ses efforts pour accorder le moins possible, et le peuple, ce géant aux cent bras, qui ne connaît pas sa force, se laissa encore abuser.

Telle fut l'origine du tribunat; de cinq membres qui le composèrent alors, le nombre en fut depuis porté à dix.

Bellutus et Junius furent les premiers élevés à ce poste périlleux, dont la principale force consistait à frapper d'un *veto* les décrets du sénat lorsqu'ils étaient contraires aux intérêts du peuple.

Enfin l'abolition des dettes fut proclamée, c'est-à-dire que les créanciers furent remboursés par le trésor public; or, le trésor public n'étant alimenté que par les fruits de la victoire, et la victoire elle-même n'étant que le résultat du courage et du sang des citoyens, il est évident que le peuple ne s'acquitta qu'au moyen de ses propres deniers.

Il faut le reconnaître, les tribuns n'usèrent pas toujours de leur pouvoir avec toute la prudence désirable. Ils citèrent au tribunal du peuple et firent condamner à l'exil un patricien d'un grand talent militaire, nommé Coriolan; mais cet homme, aveuglé par l'orgueil et altéré de vengeance, se jeta dans les bras de l'étranger, prit le commandement des armées ennemies et menaça Rome des plus grands désastres. Il fut désarmé cependant par les larmes de *Véturie*, sa mère, et assassiné par ceux mêmes qu'il avait conduits contre sa patrie; digne fin de l'homme, mille fois parricide, qui porte les armes contre son pays, quelle qu'ait été à son égard la conduite de ses concitoyens!

C'est à cette époque que la brûlante question de la *loi agraire* commença à être agitée. Cette loi avait pour but le partage des terres, ou plutôt d'une partie des terres entre les citoyens pauvres. Il ne s'agissait pas, comme l'ont mensongèrement répété presque tous les historiens ennemis de la démocratie, de dépouiller les possesseurs du sol et de procéder à une répartition complète et égalitaire entre tous les citoyens. Les grands propriétaires conservaient intacts cinq cents arpents, étendue immense, eu égard à l'exiguité du territoire; le surplus seulement devait être partagé entre les pauvres. Quant à ceux qui possédaient moins de cinq cents arpents, il ne leur était rien enlevé, seulement les terres provenant des conquêtes futures étaient destinées aux soldats qui avaient pris part à la guerre, et les propriétaires de cinq cents arpents ne devaient entrer en partage qu'après que la fortune de tous les citoyens serait devenue égale à la leur, seul moyen d'établir l'égalité momentanée de possession entre tous les citoyens de la République. Il faut bien remarquer que Rome se trouvait, relativement à la propriété, dans une position tout à fait exceptionnelle : fondée depuis trois cents ans par une poignée d'hommes avides de liberté, ne possédant que le courage et animés du désir d'acquérir, elle n'avait cessé de combattre pour élargir son territoire excessivement rétréci à l'origine. Si d'abord les fruits de la conquête, spoliation injuste sans doute en droit, mais admise en fait, avaient été affectés aux besoins communs des conquérants, au lieu d'être partagés entre les individus, l'abondance ou la gêne auraient été générales suivant les circonstances heureuses ou malheureuses ; partant, l'opulence et la pauvreté, sources de toutes les discordes, auraient été inconnues. Si encore le partage des terres conquises avait été fait égalitairement, les différences qui se seraient manifestées plus tard dans les fortunes n'auraient été que le résultat de la sagesse, de l'épargne, de la bonne administration, avec la restriction indispensable de l'usure ; l'opulence aurait été ainsi légitimée ; mais loin de là, les chefs se sont attribué des parts énormes ; pendant deux cent quarante-deux ans de monarchie, les rois, pour saturer leurs courtisans, leurs bourreaux et leurs passions, ont puisé à pleines mains dans le trésor public, réservoir de la fortune de tous ; les sénateurs, les patriciens, les nobles se sont fait, sous tous les prétextes, accorder des grâces, des dons, des immunités, des faveurs; le peuple seul est resté chargé, presque sans compensation, de l'impôt en espèces et de l'impôt du sang.

A tous les degrés de l'échelle sociale, la proposition de la loi agraire devait donc préoccuper ardemment les esprits. Objet d'anxiétés et de colères pour les familles patriciennes, elle était pour le peuple l'espoir, le rêve de sa vie, et pour ses tribuns, une mine féconde en inspirations émouvantes. Dominé par la crainte égoïste d'amoindrir ses richesses, justement ou injustement acquises, le sénat résolut de les conserver à tout prix. Cassius, sénateur dévoué à l'intérêt général, fut poursuivi par ses collègues comme coupable de haute trahison, condamné et précipité du haut de la roche Tarpéïenne. Gennius, un des tribuns du peuple, la veille du jour où il devait parler en faveur de la loi agraire, fut trouvé mort dans son lit. Le hasard peut sans doute être la cause réelle d'une fin si subite, mais une odieuse imputation n'en plana pas moins sur les patriciens. Cruel présage, lorsque les opprimés, pour expliquer les douleurs qui les frappent, trouvent partout la main des oppresseurs!

Un jour que le tribun Icilius démontrait au peuple assemblé les principes et les bienfaits de la loi proposée, un plébéïen d'environ soixante ans, d'une haute stature, au front mâle, au regard assuré, vint joindre à l'éloquence du tribun l'éloquence des faits bien plus persuasive encore :

« Citoyens, s'écrie-t-il, j'ai assisté à cent vingt batailles, j'ai reçu quarante-cinq blessures, toutes par devant, et jusqu'à douze en un seul jour; je suis officier depuis trente ans, et n'ai jamais quitté le service; j'ai été couronné quatorze fois de la main des citoyens auxquels j'ai sauvé la vie; j'ai obtenu trois couronnes murales pour avoir monté le premier à l'assaut, huit autres pour différents exploits, quatre-vingt-trois colliers d'or, soixante bracelets du même métal, dix-huit piques, vingt-cinq harnais, dont neuf sont le prix de la victoire que j'ai remportée sur autant d'ennemis dans des combats particuliers. Voilà toutes les récompenses que j'ai reçues jusqu'ici; elles proviennent du butin fait sur les ennemis, et n'ont en rien ébréché la fortune des patriciens, nos maîtres. Je ne possède pas un pouce de terre, absolument comme vous, citoyens, qui avez été les compagnons de mes travaux. Les pays que nous avons conquis, au prix de nos fatigues et de notre sang, sont en la possession exclusive du sénat. Eh bien, puisque c'est en vain que nous formulons de justes plaintes, puisque les patriciens n'ont pas d'oreilles pour nous entendre, le moment est venu de nous faire justice à nous-mêmes; votons la loi agraire. » Ce vieux guerrier, ce citoyen recommandable à tant de titres, c'est Sicinius Dentatus, connu aux armées sous le nom vulgaire du *vieux centurion*.

Le peuple, entraîné, allait voter sans retard, mais le tribun Icilius lui-même, effrayé, fit ajourner la décision au lendemain. Pendant la nuit, les patriciens cabalèrent et eurent recours à un subterfuge : ils accordèrent la loi *Terentia*, ainsi appelée du nom du tribun Terentius, son auteur. L'objet de cette loi était la création de dix magistrats, sous le nom de *décemvirs*, choisis parmi les patriciens, et chargés de la révision des lois et de l'établissement d'un nouveau code de jurisprudence. La loi agraire se trouva ainsi provisoirement escamotée.

Tous les autres pouvoirs disparurent, et le pouvoir souverain des *décemvirs* commença pour un an.

Ce gouvernement, d'abord juste et éclairé, ne tarda pas à se corrompre. Un certain Appius, d'une famille patricienne de tout temps ennemie acharnée de la classe plébéienne, emprunta le masque menteur d'un faux dévoûment aux intérêts du peuple, et le peuple, trop crédule, le nomma décemvir. Il parvint, à force d'intrigues, à composer le décemvirat de ses créatures, et ne cacha plus, dès lors, ses projets liberticides. Mais un homme le gênait, c'était le vieux centurion; Sicinius Dentatus était redoutable aux décemvirs par ses discours pleins d'une naïve éloquence, et par le souvenir de ses actions d'éclat. Appius résout de s'en défaire.

L'armée était alors en campagne sous les ordres de deux décemvirs complices de la tyrannie d'Appius. Il charge Sicinius d'une mission honorable; le vieillard accepte sans méfiance, et se rend au camp. Là, il est entouré de soins et d'égards; les décemvirs, de connivence avec Appius, lui demandent des conseils. Le vieux soldat n'hésite pas dans l'intérêt de la patrie; il indique un moyen de surprendre l'ennemi en suivant un chemin qu'il connaît à travers les montagnes. Il est aussitôt chargé d'aller lui-même établir un poste dans le défilé qu'il indique. Une cohorte, forte de soixante hommes, l'accompagne. Le brave vieillard, plein d'une ardeur de jeune homme, arrive bientôt dans les montagnes; il désigne déjà l'emplacement le plus favorable, lorsque les soixante soldats, bourreaux vendus aux décemvirs, l'entourent, dégaînent leurs dagues et se précipitent sur lui. Le vieux centurion, prompt comme un tigre blessé, pare les premiers coups, s'élance, couvert de son bouclier, à travers la meute furieuse, et s'adosse contre un rocher. Alors s'engage une horrible lutte : un seul citoyen, un héros, contre soixante assassins ! Chaque fois que son bras indigné s'abaisse, c'est la mort pour un assaillant. Bientôt quinze cadavres sont étendus à ses pieds; trente soldats sont blessés, les autres, comme d'impurs et timides reptiles, tremblent sous le regard en feu du vieux lion et n'osent l'approcher.

Sicinius allait sortir vainqueur de cet affreux combat, mais une pensée infernale vient à ces vils mercenaires, plusieurs gravissent le rocher, et font rouler d'énormes pierres sur la tête du vieillard. Bientôt l'intrépide centurion, couvert de meurtrissures et de sang, s'affaisse et expire. — Les quinze soldats valides, pour s'assurer que le centurion est bien mort et être certains de recevoir le prix du sang, le touchent avec terreur et reprennent le chemin du camp. Comme ils en avaient reçu la consigne, ils annoncent que la cohorte est tombée dans une embuscade ennemie, et qu'un grand nombre d'entre eux, ainsi que leur chef, a succombé dans le combat. Feignant une douleur mensongère, les deux généraux envoient un détachement pour recueillir les blessés et rapporter les morts. Mais à la disposition des corps, qui tous avaient la tête tournée vers le rocher au pied duquel Sicinius était écrasé, et à l'absence complète de morts ennemis, les soldats, contre l'attente des deux décemvirs, reconnurent facilement que le brave vétéran plébéien avait succombé victime d'un infâme guet-apens. Ainsi l'imprévoyance des criminels sert souvent de flambeau pour découvrir leurs forfaits !

La nouvelle de l'assassinat de Sicinius se répandit promptement et excita dans l'armée une indignation profonde. La vengeance enflamma les esprits ; muette d'abord sous le joug de la discipline, elle ne tardera pas à éclater ; le sang d'un vieillard mêlé au sang d'une jeune fille affranchira la République.

Dans Rome les décemvirs marchent précédés de la terreur et de l'oppression. Appius surtout, leur chef par le cynisme et l'audace, se livre à ses débordements. Chaque jour, du haut de son tribunal, sur la place publique, il rend d'odieux arrêts, décorés pompeusement du nom sacré de justice. Le sénat a sa part d'oppression, mais il s'en console en pensant que le peuple, fortement muselé, ne peut plus lui inspirer d'inquiétudes.

La tyrannie n'est pas la seule passion qui ronge le cœur d'Appius, il est aussi l'esclave de la brutalité des sens.

Une jeune fille, d'une grande beauté, nommée Virginie, dès longtemps privée des caresses de sa mère, enlevée par une mort prématurée, se rendait, suivant l'usage, à l'école publique en compagnie de sa nourrice. Appius la voit et se promet de la souiller de son impur amour.

Le jour suivant il jugeait les causes sur la place publique; un homme, nommé Claudius, indigne du nom sacré de citoyen, un de ces misérables toujours prêts à vendre pour quelques pièces de monnaie le fumier de leur conscience, se présente traînant violemment la belle Virginie, malgré ses prières et ses sanglots, et la réclame comme son esclave. Il raconte qu'une de ses esclaves, qui venait de mettre au monde cette jeune fille, l'a vendue à la femme de Virginius, qui, désespérée de sa stérilité, profita pour cette supercherie de l'absence de son mari, et lui présenta l'enfant à son retour comme lui appartenant.

A l'empressement que met Appius à accueillir cette déclaration, qui ne présente pas l'ombre de la vraisemblance, tous les spectateurs devinent que Claudius n'est que l'entremetteur du magistrat. Il se dispose à adjuger la jeune fille à son complice, quand Sicilius, ancien tribun du peuple, fend la foule, arrache Virginie des mains de Claudius, proclame qu'elle est sa fiancée, et que c'est à lui de la défendre en l'absence de son père Virginius, citoyen aussi probe que brave, qui se trouve maintenant à l'armée. Il apostrophe violemment Appius, lui reproche ses crimes, et s'écrie que pour arriver à la jeune fille il faudra passer sur son corps.

Le juge impassible ordonne à ses licteurs de s'emparer de

Virginie; mais le peuple s'interpose entre Virginie et les licteurs, qui font de vains efforts pour percer ce redoutable rempart.

Intimidé par les menaces de la foule toujours grossissante, Appius annonce qu'il attendra l'arrivée de Virginius jusqu'au lendemain pour le prononcé du jugement.

Le lendemain, Claudius, escorté de faux témoins, réclame de nouveau son esclave. Les nombreux spectateurs sont dans l'anxiété, lorsque les pas précipités d'un cheval retentissent sur les pavés : un long cri de joie éclate, c'est Virginius! Appius est pâle de rage, il avait expédié à ses collègues de l'armée l'ordre de retenir Virginius, mais le fiancé avait devancé le courrier du décemvir. Le père exaspéré laisse son cheval à l'angle de la rue voisine, et la foule respectueuse lui ouvre un large passage. Son émotion est extrême; il est dans le délire de la douleur; il embrasse sa fille avec transport, il passe tour à tour des menaces aux prières et des prières aux sanglots; Appius n'éprouve pas la moindre émotion; il se lève et prononce la fatale sentence. « Arrête, Appius, s'écrie le père désespéré, que je puisse au moins obtenir de ma fille un dernier aveu. » Puis il étreint convulsivement sa Virginie et semble convier le peuple à protéger l'innocence; mais le peuple est muet sous le regard menaçant du magistrat. Virginius, au paroxisme de la douleur et du désespoir, entraîne Virginie vers l'étal d'un boucher, saisit un long couteau et le plonge dans le sein de sa fille en s'écriant : « Elle est morte libre et pure! »

La stupeur a cloué sur son tribunal l'infâme Appius et ses licteurs. La foule est pâle de douleur et d'effroi. Virginius, toujours armé du couteau sanglant, se précipite à cheval et disparaît vers le camp.

Bientôt l'armée, soulevée à la voix du père infortuné, avait

BIBLIOTHEQUE NATIONALE DE FRANCE
3 7531 04426279 9

www.ingramcontent.com/pod-product-compliance
Lightning Source LLC
LaVergne TN
LVHW020338230826
846091LV00003B/920

* 9 7 8 2 0 1 3 6 8 0 1 8 9 *